科学身材管理

自律与科学原理的掌控

葛 燕 ◎ 著

中国书籍出版社
China Book Press

图书在版编目 (CIP) 数据

科学身材管理：自律与科学原理的掌控 / 葛燕著 . -- 北京：中国书籍出版社，2021.5
　ISBN 978-7-5068-8490-7

　Ⅰ. ①科… Ⅱ. ①葛… Ⅲ. ①健身运动 – 基本知识 Ⅳ. ① G883

中国版本图书馆 CIP 数据核字（2021）第 099873 号

科学身材管理：自律与科学原理的掌控

葛　燕　著

责任编辑	张　娟　成晓春
责任印制	孙马飞　马　芝
封面设计	仙　境
出版发行	中国书籍出版社
地　　址	北京市丰台区三路居路 97 号（邮编：100073）
电　　话	（010）52257143（总编室）　（010）52257140（发行部）
电子邮箱	eo@chinabp.com.cn
经　　销	全国新华书店
印　　厂	三河市德贤弘印务有限公司
开　　本	710 毫米 × 1000 毫米　1/16
字　　数	201 千字
印　　张	15.25
版　　次	2022 年 5 月第 1 版
印　　次	2022 年 5 月第 1 次印刷
书　　号	ISBN 978-7-5068-8490-7
定　　价	56.00 元

版权所有　翻印必究

前言

关注身材，管理身材，完善自我，更悦纳自我。

要想拥有健美身材，自律必不可少。一个没有自律能力的人，很难拥有健康健美的身材。

因此，你的身材里，藏着你的自律。

自律的人，能有效统筹自己的时间与身心精力，去关注和去做对自己有益的事情。身材管理于身心有益，值得重点关注。

当然，性别不同、年龄不同、身体状况不同，身材管理的方法也会有所不同。除了投入必要的时间和精力，身材管理还需要掌握科学的运动原理，如此才能效果显著、事半功倍，同时，也避免因运动不当而引发损伤。

那么，要实现高效的运动自律和科学的身材管理，具体应该怎么做呢？阅读本书，可以解答你的困惑。

好习惯、行动力、营养是辅助运动进行身材管理的三大法宝。本书教你科学制订运动计划，克服"懒癌"，强化行动力、优化饮食，帮你正确了解自己的身体，以使身材管理更有针对性。在此基础上，本书因人而异地为不同人群推荐了更有针对性的运动塑身、运动防护内容与方法，帮助女性优化身材曲线，帮助男性塑造强健身材。

本书结构完整、内容丰富，通过对健美运动、搏击运动、活力运动、局部塑身的系统讲解，可以帮助你轻松实现身材管理，轻松拥有马甲线、人鱼线，轻松消除小肚腩。书中特别设置的"畅所欲言""温馨提示"两个板块更让你的身材管理学习充满趣味、效果突出。

想拥有健康健美好身材，赶快携手本书积极运动吧，感受身材的积极变化，拥抱健康，享受美好生活。

作　者
2021 年 4 月

目录

前言

第一章
越自律，越自由

自律与身体　/ 003

好习惯是如何养成的　/ 009

克服"懒癌"的法宝——计划与行动力　/ 011

饮食可控，身材可塑　/ 019

第二章
身材管理第一步，认识身体

了解自己的体型　/ 033

人体内部的秘密　/ 039

身体是如何参与运动的 /045

科学健身，男女有别 /055

第三章
健身健美：塑造优美形体

青春洋溢：健美操 /067

修身养性：瑜伽 /079

第四章
豪情搏击：打造力量王者

强劲出击：拳击 /097

踢的艺术：跆拳道 /113

第五章
活力运动：有效降低体脂

运动之王：游泳 /127

魅力四射：体育舞蹈 /141

速度与激情：球类运动 /155

第六章
每个人都能拥有好身材

练出马甲线 / 171

练出人鱼线 / 181

局部塑身 / 187

产后塑身 / 197

第七章
呵护身体,做好运动修复

运动后的整理与放松 / 205

合理的休息 / 213

科学应对伤病 / 219

参考文献 /231

第一章

越自律，越自由

自律的人，是时间的主人。

自律能让你增加自控力、养成好习惯、改掉坏习惯，让生活、学习、工作变得井然有序。

有人说，自律的人被各种事情束缚，每日忙于各种打卡，这便失去了自由。

恰恰相反，在你想要偷懒、拖延时，自律限制的并非自由，而是偷懒和拖延。也正是因为这样，你才能统筹时间、统筹事情，拥有更多的时间来管理身材、收获健康、享受生活。

自律与身体

何谓自律

> **畅│所│欲│言**
>
> 你有没有为了改变或提升自己每天坚持做一件事情?哪怕做这件事情并不需要很长时间,你也重视并坚持去做它?
>
> 你觉得自己是一个自律的人吗?你身边有没有自律的人?你有没有特别观察和思考过,自律的人身上都有哪些共性?

自律,是人的一种强大而克制的自我管理能力。

毫无疑问,自律是一个人的良好品质,在我国古代人们就已经认识到了这一点。

唐朝名相张九龄曾言"不能自律，何以正人？"(《贬韩朝宗洪州刺史制》)。

自律是一个人对自己的高标准要求，一个人能在不受外界因素的干扰下始终按照道德、法律、规则做事，实属难得。

自律有益身心健康

自律能改善你的生活状态，促使你向着更好的方向发展。

当你尝试着去做一个自律的人时，你会发现你会有更多的时间去阅读、去健身、去陪伴家人。

自律像一道光，将你的生活照亮。

饮食自律的人，养成了良好的饮食习惯

第一章
越自律，越自由

学习与工作自律的人，拿到了心仪的 offer

自学自律的人，有了魅力"加分项"

科学身材管理
自律与科学原理的掌控

阅读自律的人，拥有了更广阔的眼界

运动自律的人，拥有了令人羡慕的健美身材

自律的人，能坚持做让自己变得更优秀的事情，并且在坚持的过程中让自己的身体更健康、心情更愉快，从而身心受益。

更重要的是，当你变得优秀的时候，你会遇到更优秀的人、遇到更广阔的平台，再进一步地提升自己，这是一个良性循环的过程。

身材管理自律

身体健康、活力四射、元气满满，这是很多人都渴望达到的身心状态。而要实现这一点，自律必不可少。

"肥胖不是一天形成的"，同样的道理，一个肥胖的人也不可能在一天内实现大变身，成为一个身材苗条的人。

一个人的身材都是长期形成的，并且保持在一个较为稳定的范围和状态内。如果有一段时间你暴饮暴食，或者过度节食，那么你的身材就会发生变化，你的健康状况也会发生变化。

科学身材管理，离不开自律，自律是科学管理身材的重要基础。

做一个自律的人，坚持健身，你才能拥有健康、健美的身材。

好习惯是如何养成的

好习惯，成就好人生

习惯，是长期养成的生活和行为方式。好习惯有很多种，每一种好习惯都能让你变得更加优秀。

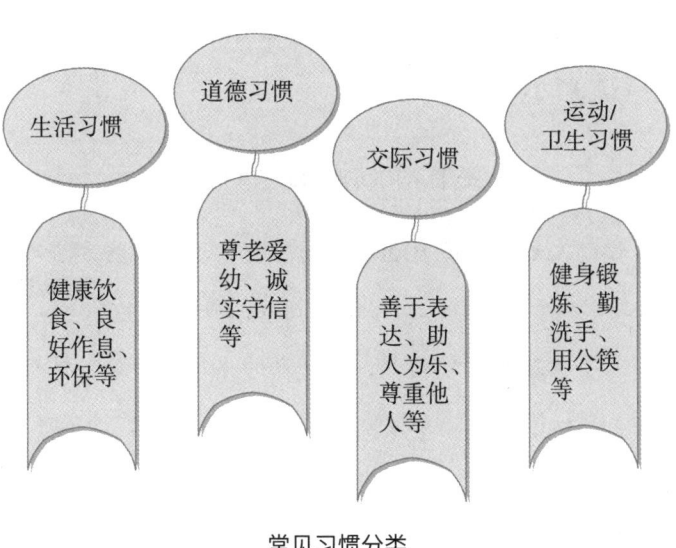

常见习惯分类

- 生活习惯：健康饮食、良好作息、环保等
- 道德习惯：尊老爱幼、诚实守信等
- 交际习惯：善于表达、助人为乐、尊重他人等
- 运动/卫生习惯：健身锻炼、勤洗手、用公筷等

养成并坚持好习惯，能让你生活在一个健康的环境中，这对于个人的身心健康和社会健康的发展都是有利的。

好习惯应该从小养成，并且要长期坚持。

21 天好习惯养成法则

行为心理学中，把个体的习惯养成与巩固需要 21 天的现象称为"21 天效应"。因此，人们常说："21 天养成一个习惯。"

结合身材管理，你可以尝试制订并执行身材管理计划，将"21 天"切分成三个阶段，每个阶段 7 天，每天坚持落实计划，只要连续坚持 21 天，你便能收获一个好的身材管理意识和运动习惯。届时，你的身材和心态也会有一个良好的变化。

温馨提示

不要盲目照搬他人的计划

很多自律的人都有一套自己的身材管理方法，这些方法可以为你提供成功的经验参考。

但是，需要特别提醒你的是，每个人的体质、年龄、性别、身材状态、健身健美目标等不同，身材管理计划应因人而异，切不可盲目照搬，以免适得其反。

克服"懒癌"的法宝——计划与行动力

人无远虑，必有近忧

畅|所|欲|言

周末出门路过商场，"听说这家店有上新活动，不如去看一下"，然后发现隔壁店运动鞋是最新款，立刻决定买它。接着又走进下一家店……当拎着大包小包回到家时，夜色已晚，才想起今天本来打算去银行办业务的。

学校和公司安排体检，体重有些超标，本来想着此后每个周末去跑步、每天按时吃饭、按时作息，可是每天都有不定量的学习、工作任务，跑步计划始终未开始实施，依旧是每天不定时点外卖、每天熬夜。

对类似上述这些缺乏计划性的行为，你怎么看？你习惯制订计划吗？如何才能制订一个完美的计划呢？

计划，是做事之前拟定的方案。人之所以会在做事之前拟定方案，是为了在做好充分准备的前提下再有条不紊地处理或者执行一些事情。

- 计划能督促你按照一定的步骤、要求来完成一项任务。
- 计划可以提示你做你可能遗忘或忽略的环节。
- 计划让你拥有更加清晰的做事思路。
- 计划相当于你的记事本与备忘录。
- 计划可以帮助你总结与回顾在之前工作中存在的问题。

"人无远虑，必有近忧。"如果人做事或看事没有长远的考虑，那么将会被很多忧虑所缠绕。

一个人要想达成某个目标，只有先制订好计划，才能让自己的行动更有效率，才能少走一些弯路、多一份从容淡定。

计划不是越详尽、越繁重就越好

计划，是对未来一段时间的事情与行动的预估和预安排。因此计划具有不确定性，容易受到未来一些因素的影响，正应了那句"计划赶不上变化"。但这并不能说明制订计划就无用，而是要科学合理地制订计划，让计划保持一定的弹性，以应对可能发生的变化。

◎ 太详尽的计划容易被打乱

当你决定要通过运动减脂、健美来管理身材时，你的计划一定不要太过于详尽。

比如，为了能早起晨跑，你将很详细的作息时间都纳入其中，包括6：00起床，6：05洗漱，6：10上厕所，6：15穿衣，6：20出门，这种计划就显得过于详尽了。

尽管把各个时间点都罗列在计划表中，让你的计划看起来十分周密且充实，但这种做法并不合理。

假设遇到雨、雪、雾霾等坏天气，或者突然生病，或者前一天通宵加班，又或者刚穿上的运动服不合适需要换一套……任何一个细小事件都可能打乱你已经制订好的计划。

结合自身实际情况，计划应有重点

◎ 太繁重的计划容易半途而废

当你认为自己的身体情况不容乐观，运动健身势在必行并需要短期见效时，制订繁重的计划很可能让你很快就放弃运动，甚至还会因为参与超出身体承受范围的运动而让身体受伤。

比如，以下这个为了在短期内减重而制订的计划，不仅运动内容多，而且运动量大，显得太过繁重：每天5：00起床，5：30跑到健身公园，进行1小时的体能训练，散步回家后洗澡吃早饭，而后骑行去上班；中午吃从家里带的低脂餐；下午下班后骑行去健身房，在私人教练的带领下健身4个小时，再骑行回家。在家进行1个小时的放松运动，而后制作低脂餐并准备第二天中午的午餐。最后，结束一天的活动后洗漱睡觉。

制订科学而周密的计划对于克服"懒癌"有着重要作用，能时刻督促你按照你所设定的规则，一步一步地完成自己的目标，最终获得成功。

繁重的运动计划可能让你的身体难以承受而不得不提前终止计划

但是，人不同于机器，每天要有必要的休息时间，而且运动量和运动强度应该循序渐进，并合理安排放松日，不能日复一日地重复参加高强度的运动。

长时间处于紧张、疲惫的状态，身心会承受巨大的压力，不仅不利于健康，还可能会让身心受损。

行动起来，才是王道

畅│所│欲│言

很多人曾制订过运动计划，也有很多人从来就没有实施过自己制订的计划或者因为各种原因提前终止了运动计划。

看着曾经特意挑选的"不瘦十斤不换头像"的微信头像；看着自己三个月前用了整整一天的工夫制作，现在却已经落了一层灰的运动计划表；看着电子秤上醒目的体重数字……这样的情景，想必很多人都会感到失落与沮丧。

你是一个会坚决履行计划的人吗？你是否有过制订完运动计划后因一直不执行，使得活动不了了之的情况呢？

一个坚决执行计划的人，一定是一个行动力特别强的人。

行动力其实属于一种行为能力。通常，有行动力的人比较乐于通过不断的学习、思考，促使自己形成一种良好的习惯和动机，在计划的指导下，坚决完成每一项小目标，最终实现计划目标。

在你身边应该有许多极具行动力的人吧。认真观察，你就会发现有行动力的人身上的那些特质。

◎ 勿将今事待明日

"勿将今事待明日"这句话并不难理解，意思就是"不要将今天要做的事情推到明天再做"。现实生活中，有很多人都有"拖延症"，很多事情都会从上午推到下午，从下午拖延到晚上，然后再推到第二天，甚至有些事只存在于计划中，一直未落实到行动上。

你身边有没有这样的事例："今天部门聚餐，不如从明天才开始控制饮食吧"，"今天真的太累了，明天再做仰卧起坐吧"，"这周天气不好，下周再开始跑步"……

究竟是什么原因使得"今日事，明日毕"呢？没有计划是一方面，还有一方面是计划制订好后，当事人缺乏计划执行力。

让计划安静地躺在角落里积灰，不如行动起来去落实计划，去实现计划目标，享受行动后带来的良好改变。

未来的绚丽图画都是每一个"今天"一笔一笔完成的。努力画好"今天"的"一笔"，今天就会比昨天更美，明天也会比今天更好。因此，没必要也不应该将今天要做的事推到明天，今天有今天要达成的目标，明天有明天要完成的计划。

克服"懒癌"，落实计划，积极行动起来，才能获得真正的良性改变。

◎ 积极乐观地行动起来

自律很难，也正因为如此，自律才显得可贵。行动不易，也正因为如此，那些富有行动力的成功人士才是人群中的少数。

你的身边有没有那么一个或几个朋友总想去做什么，但是却迟迟不见他/她付诸行动。

这其中有一部分人是典型的拖延症，也有一部分人内心很想去做一件事，但总担心自己失败。无论哪种，明知道实行计划后能让自己变得更优秀，却始终没有执行计划、付诸行动，都颇为可惜。

人生短短几十年，有梦想当然要积极追寻，也许在尝试后你会对自己、对人生有新的发现。

从心理学层面上说，人往往越在意成败，就越怕失败；越重视，也就会越容易关注到负能量的一面。

生活中应该会有一些人有这样的经历：精心制订了明确的目标，第二天就开始积极执行，可经过一段时间的努力发现进展并不尽如人意，于是信念开始摇摆不定，自信心备受打击，内心满是对自己的质疑和否定："努力了这么久，如果我失败了怎么办？""都做了这么多天了还是没有起色，估计我是不会成功了。"这种情况往往是由于人们做事情时过于急于求成导致的。因为太想马上成功，而近期又见不到成功的影子，所以心里难免会焦虑、烦躁、悲观。

你必须认识到，凡事不能一蹴而就，一味地逃避、自怨自艾，不如积极行动，做任何事情，欲速则不达，坚持不懈才能取得成功，运动健身更是如此。

很多人会发现，在坚持运动健身一段时间后体重会有明显的下降，可当你停止持续参与运动后，体重又会慢慢回升，这种体重反弹让很多想要塑身或者正在塑身的人苦恼不已。

只有长期坚持运动，才能持续保持健身塑型效果，才能养成持久的自律习惯。如果你能在运动健身这件事情上持之以恒，你就会发现，运动不仅会让你身心受益，还会给你的学习、生活、工作、社交等各个方面带来积极的变化。

温馨提示

行动力，是克服"懒癌"的关键

在自我提升、治疗"懒癌"的过程中，千万不要以认为不适合做某事为由拒绝努力和付诸行动。当然，也不要认为自己"适合"做某事就产生一些不切实际的幻想。

挫折和失败是你成长过程中必然会遇到的，它可能是在暗示你有进步的空间，也可能是在提醒你要调整当前的状态。

运动健身需要良好的行动力，在参与运动健身的过程中，也能无形中提升你的行动力。通过参与运动健身进行身材管理能检验你的行动力，也能强化你的行动力。

每个人的人生都不是一帆风顺的，不要因为过于关注成与败、得与失而忽视了人生旅途中的很多精彩瞬间。

饮食可控，身材可塑

畅|所|欲|言

减肥成功的人非常认同的一句话就是："管住嘴，迈开腿。"意思是说，要减肥得先控制饮食，尽量吃得少而精，然后配合一定的运动。

你对自己的身材满意吗？你是为自己的胖苦恼呢，还是为自己的瘦而忧愁呢？"想要增重就要多吃，想要减重就要少吃"，这样的观点你认同吗？怎样科学控制饮食才能拥有健康健美的身材呢？

相信世界上很少有人会不关心自己的健康、不在意自己的身材。肥胖的人时常抱怨称："我已经尽量少吃了，可惜我是一个连喝水都会长胖的人。"过于瘦弱的人也总是会说："我也想长胖点，可是我吃得并不少，强制自己多吃后体重却并没有增长，身体各种不适倒是增多了不少。"这些苦恼，多源于没有科学控制饮食。

肥胖者中除了天生或者后天因为服用激素而肥胖的人，更多的人的肥胖都是"吃"出来的。这些人中，在饮食方面，除去吃得多外，偏爱油炸食品、偏爱肉类、偏爱烧烤、偏爱重口味的食物等也是造成肥胖的重要原因。

就身材消瘦的人而言，在饮食方面，他们大多饮食不规律，偶尔还会暴饮暴食，这些都会造成肠胃不适甚至引发肠胃疾病，进而导致体重严重低于正常水平，并由此备受健康损害的困扰。

人并不是越胖越好，也并非越瘦越好，胖瘦适中、身材匀称、比例协调并且有一些肌肉的人看起来才更有美感。

告别肥胖，让你拥有健康、自信的身心

◎ 肥胖的危害

喜欢的衣服穿不上，不敢对心仪的异性表白，没有信心胜任领导交给自己的任务，害怕自己成为人们关注的焦点，诸如此类的顾虑时常困扰着肥胖者。

不少肥胖者经常过于担心自己因肥胖而遭到他人的嘲笑，因而内心充满焦虑和抑郁的情绪，长期下去，很容易引发社交障碍、性格孤僻、自暴自弃等一系列心理问题。

除了心理问题，肥胖对人的身体也有诸多危害。认真分析肥胖对人身体的危害，你会发现它们远比你想象得多得多。

- 引发许多疾病，如代谢性疾病、皮肤病、高血压、心脑血管疾病、呼吸功能低下等。
- 影响后代身体健康
- 智力下降
- 诱发癌症

肥胖可能对人体带来的危害

◎ 减肥的好处

过度肥胖会给人体带来诸多危害，因此必须引起高度重视。如果你已经意识到自己可能体重超标，已经属于肥胖者，那么应该立即采取行动，积极减肥。

积极减肥、科学减重，有助于缓解肥胖带给你的身心压力与侵害，让你更加健康、更加自信。

科学身材管理
自律与科学原理的掌控

减肥成功后可以变得漂亮、帅气，更自信

身心舒畅，远离疾病困扰

温馨提示

无法判断身体是否肥胖？BMI值肥胖检测来帮忙

判断身体是否肥胖最通用的方法就是BMI值检测法。BMI指数就是身体质量指数，它是衡量人体胖瘦程度及是否健康的一个重要标准。

BMI是一项与人体体内脂肪的总量有密切关系的一个指标，其涉及体重和身高两大因素。

BMI指数的计算公式为：体重（kg）÷身高米数的平方（m^2）

表1-1 体重指数的分类及判断标准

判断结果	BMI 数值参照标准
偏瘦	<18.5
正常	18.5～23.9
偏胖	24～27.9
肥胖	>28

（数据参考我国国家卫生与计划生育委员会制定的BMI标准。）

通常，成年人的BMI指数在20～25之间是比较适中的，超过28就说明是肥胖的状态了。

告别消瘦，让你获得自然健康的美

朋友圈中总有那么一两个人会时不时地晒出："怎么又掉秤了？""继续吃，争取过90斤"等信息动态。看到这些话的易胖人群一定非常"羡慕嫉妒恨"，羡慕别人干吃不胖，嫉妒别人可以随便大胆地吃，恨不能将自己身上的十几斤肥肉匀给他们。

其实，身材消瘦的人也有许多不为人知的烦恼，如看起来不健康，缺乏活力；体虚，抵抗力差，容易生病；易疲劳，体力不足等。

因此，过于消瘦并不是美，万不可被这样的"病态美"误导了你对身材健美的认识。

科学饮食，教你吃出良好身材

"每逢佳节胖三斤"，每当放完一个小长假后，你是不是都会长胖呢？你是否已经对减肥减重不抱希望了呢？不必灰心，不必沮丧，不管你是要瘦下来，还是要胖起来，或者在想让身材更有线条，都可以通过科学控制饮食来改善。

◎ 确保你所摄入的食物是热量平衡的

不管你是想减肥还是想增重，都要遵守热量平衡规则。

通常，如果你摄入的食物热量比你所消耗的热量多，那么你的体重和脂肪就会有所增长；反过来，如果你摄入的食物热量比你所消耗的热量少，那么你的体重和脂肪将会有所减少。以此为依据，你就可以很清楚自己当前胖或者瘦的原因了。

接下来就为大家推荐一些可以保持热量平衡的小妙招，虽然可能不适用于个别人，但这些小妙招对多数人都是适用的。

- 保证一日三餐，并将时间固定下来。果断取消下午茶、夜宵等。

- 选择一些尺寸偏小的餐具，细嚼慢咽。

- 减缓用餐速度，改用平时少用的另一只手进餐。

- 约上有减肥瘦身或增肥增肌意向的好友一同运动，相互鼓励，彼此监督。

保持热量平衡的小妙招

◎ 尽量选择营养素密度高的食物

营养素密度，是指一份食物中某种营养素占该营养素每日推荐摄入量的比例，除以该份食物所提供的能量占每日推荐摄入能量的比例所得到的数值。

如果某食物中添加的纯脂肪、糖、精白淀粉多，那么该食物的营养素密度就会下降。"垃圾食品"就是很典型的营养素密度低的食物。

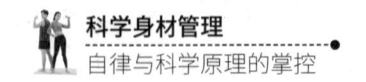

人体最主要的营养素有七种：

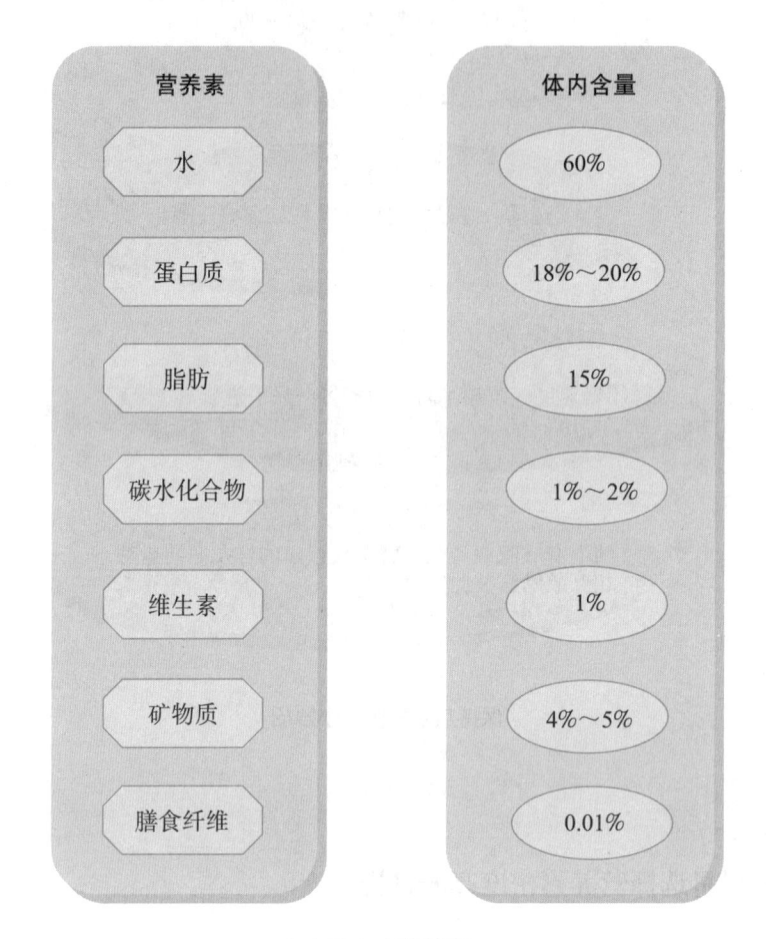

营养素	体内含量
水	60%
蛋白质	18%～20%
脂肪	15%
碳水化合物	1%～2%
维生素	1%
矿物质	4%～5%
膳食纤维	0.01%

人体七大营养素

大致清楚了身体中的七大营养素，我们在选择食物时就能有一个大的方向。但是，仅了解这些还不足以让我们从各种各样的食物中选出营养素密度高的食物，所以这里为大家简单列举一些常见的营养素密度在 45～100 的食物。

清楚了营养素密度较高的食物都是哪些之后，我们就能很容易挑选一些适合我们的食物，也不用担心吃多了发胖的问题。

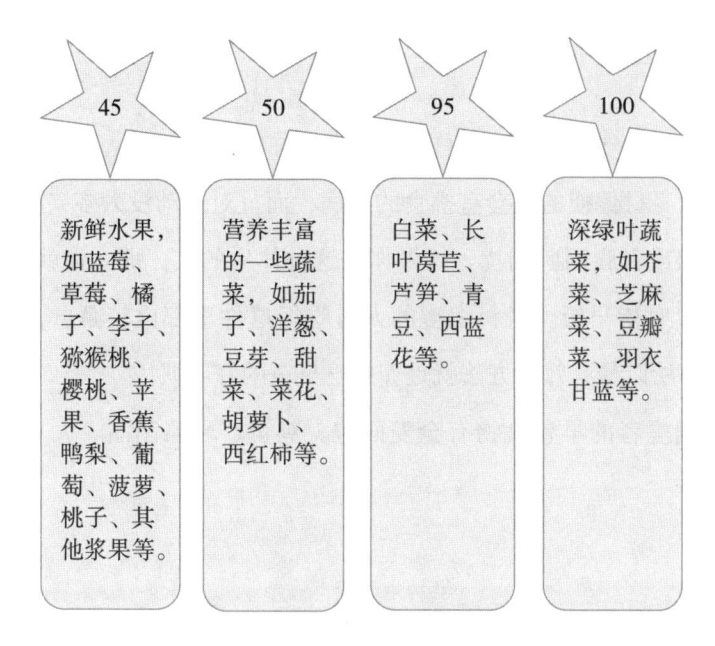

45	50	95	100
新鲜水果，如蓝莓、草莓、橘子、李子、猕猴桃、樱桃、苹果、香蕉、鸭梨、葡萄、菠萝、桃子、其他浆果等。	营养丰富的一些蔬菜，如茄子、洋葱、豆芽、甜菜、菜花、胡萝卜、西红柿等。	白菜、长叶莴苣、芦笋、青豆、西蓝花等。	深绿叶蔬菜，如芥菜、芝麻菜、豆瓣菜、羽衣甘蓝等。

营养素密度在 45～100 的常见食物

温馨提示

合理饮食

虽然食用营养素高的食物对塑造良好身材有很大的帮助，但是你不能为了多摄入某种或某类营养素含量高的食物而放弃其他食物。

不要因为多吃芥菜对保持身材有很大帮助，就一日三餐都吃芥菜，甚至连续一周都只吃一种蔬菜，这种极端做法很不利于身体营养的均衡。人如果长期偏食，很容易引发一些疾病。

世间美食那么多，身材管理期间依旧能享受美食，万不可为了走捷径而饮食过于单一。

◎ 找到适合你的食谱

不管你是偏瘦还是肥胖，总有一份适合你的食谱。

通常，身材偏瘦的人会有挑食的毛病，而且对运动没太多兴趣，可能还经常被便秘或者腹泻所困扰。如果你是这种体质的人，那么你就要注意了，一定要认真对待早饭。身材偏瘦的人对吃饭这件事都比较懈怠，往往吃得少、偏食，所以最有效的方法就是养成吃早饭的好习惯。

适合偏瘦者的早餐食物有全麦面包、鸡蛋、乳酪制品、大豆制品、蜂蜜等。

适合偏瘦者吃的营养早餐

肥胖的人往往都喜欢油炸食物，而且每顿饭不吃撑都不停。他们也有偏食的问题，而且表现得更加极端，如果爱吃某些食物就会疯狂地吃，不爱吃的永远也不想触碰。

要缓解和避免肥胖，不妨改变过度摄入高热量食物的习惯，从此与油炸食品和甜品说再见。另外，每顿饭不要吃太多，保证七分饱即可。

然而，要想在短期内改变先前的饮食习惯，对于肥胖的人来说是很难的，所以不妨采取一些小技巧，如吃一些有饱腹感的食物，减慢吃饭的速度，少食多餐等。

适合肥胖者的食物有牛肉、章鱼、芹菜、西蓝花、胡萝卜、蘑菇、番茄、洋葱等。

适合减肥者吃的轻食沙拉

第二章

身材管理第一步，认识身体

爱美之心，人皆有之。没有人会拒绝接受美的人或事。

不管你是男是女，年龄是大是小，也不管你从事什么工作，抑或是待业在家，身材管理始终都应该坚持下去。

唯有管理好自己的身材，你才能遇见更美的自己。

管理身材首先得认识身体。人类的身体犹如一个小小的宇宙，藏着许多秘密。

尽管我们与自己的身体朝夕相处，但偶尔也会因为身体的异样而不知所措。所以，要想管理好自己的身材，花一点时间探寻我们身体的秘密是非常有必要的。

了解自己的体型

畅|所|欲|言

在路上，每每遇到身材高挑、凹凸有致的漂亮女生或者超级有型的帅气男生，很多人都会忍不住想多瞄一眼，心中暗想"如果我也能有这样的身材该多好啊！"确实，美好的事物总被人们向往。那么，你知道什么是体型吗？你知道体型怎样分类吗？你对目前自己的体型的满意度是多少（满分为10分）？男生与女生的体型有什么差异？

何谓体型

身体的外形特征与体格类型的总称即体型。一个人的体型看起来很好，其实是因为其身体的整体指数合理以及身体各部位之间的关系比例非常恰当,从而形成的一种优美、和谐的外观特点。

人的体型一方面来自父母的遗传,另一方面则与饮食、生活习惯、生活环境等后天因素有关。

从生物学角度说,决定人体型的因素有三个:

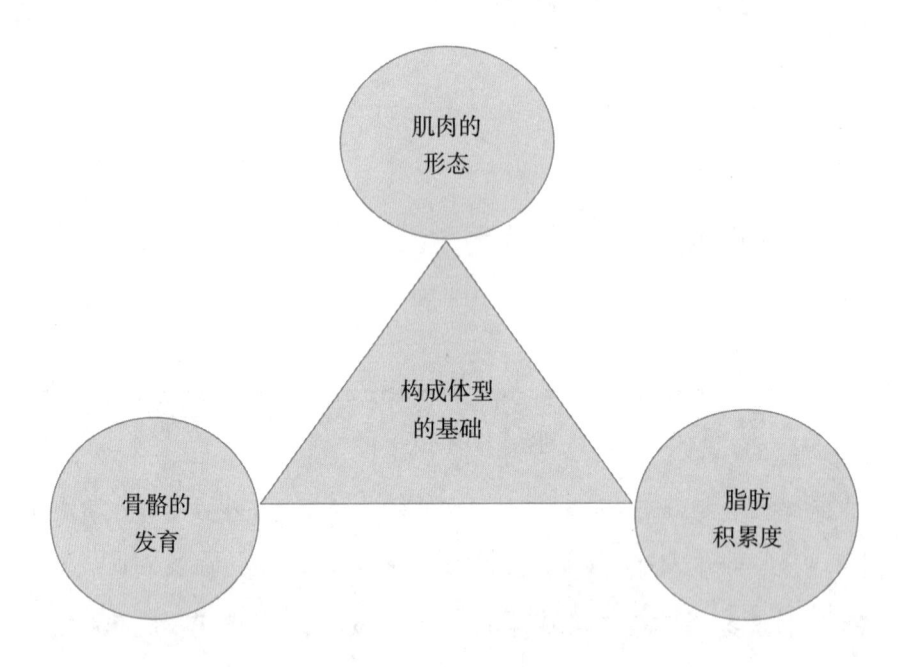

```
        肌肉的
        形态

    构成体型
     的基础

 骨骼的            脂肪
  发育           积累度
```

构成体型的生物学基础

其实,只要你没有因为疾病或其他原因造成的不可修复的非正常体型,那么想获得更好的体型并不是一个遥不可及的梦。你可以借助一些科学的运动方式,改善你的体型。

看看你属于哪种体型

经常健身的人应该总能听到这样的抱怨："健身这么久了，我怎么还是没什么变化。"

当你在羡慕别人拥有如同人体雕塑般的体型时，你可能会偷偷想，他是不是做了什么不一样的事情？

其实，他并没有做什么特别的事儿，而是先弄清楚了自己属于哪种体型，然后找到了适合自己的锻炼方式。可想而知，了解自己的体型有多么重要。

根据人的高矮胖瘦，可以将人的体型分为三种：矮胖型、瘦长型和匀称型。这也是最基础的分类方法。下面就带大家看看这三种体型的人有着哪些外在特征。

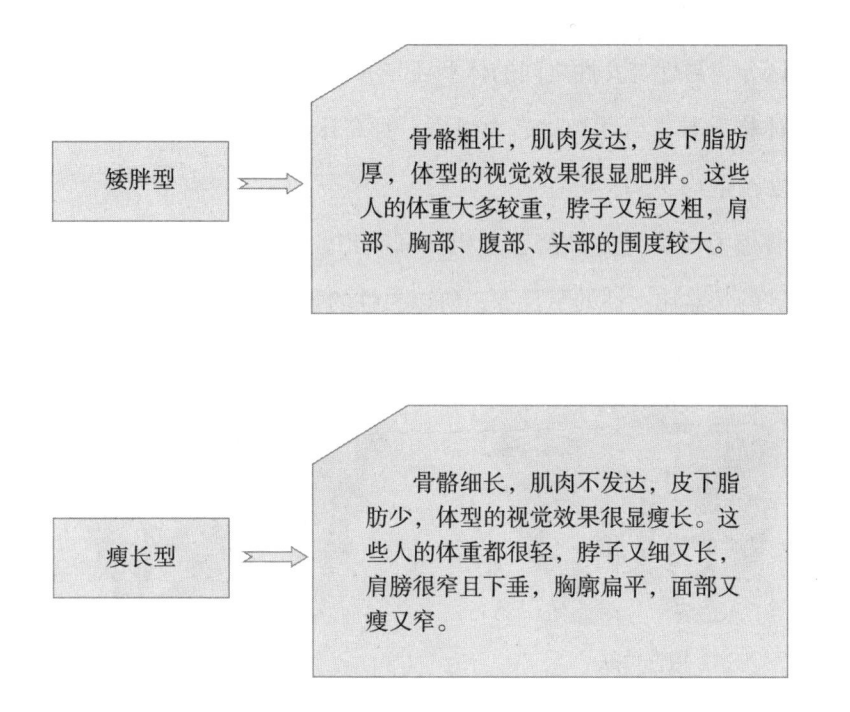

矮胖型 ⇒ 骨骼粗壮，肌肉发达，皮下脂肪厚，体型的视觉效果很显肥胖。这些人的体重大多较重，脖子又短又粗，肩部、胸部、腹部、头部的围度较大。

瘦长型 ⇒ 骨骼细长，肌肉不发达，皮下脂肪少，体型的视觉效果很显瘦长。这些人的体重都很轻，脖子又细又长，肩膀很窄且下垂，胸廓扁平，面部又瘦又窄。

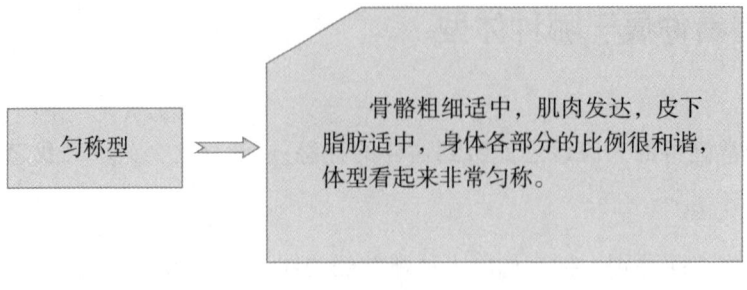

匀称型 → 骨骼粗细适中，肌肉发达，皮下脂肪适中，身体各部分的比例很和谐，体型看起来非常匀称。

体型的分类

男性与女性的体型差异

"男性要有阳刚之气，女性要有阴柔之美"，这种审美似乎已经融入了我们的骨子里。

虽然人的体型无外乎矮胖型、瘦长型和匀称型三种，但是如果按照人的性别来区分，男性与女性之间的体型还是有细微差别的。

从体格上看，男性身材高大魁梧，身高比女性平均高出10厘米，体重也会比女性重约5～15千克。

在骨骼上看，男性骨骼较为粗壮和突出，而女性骨骼则比较纤细且平滑。男性的骨盆比女性的窄且深，所以男性的臀部显得很窄小。

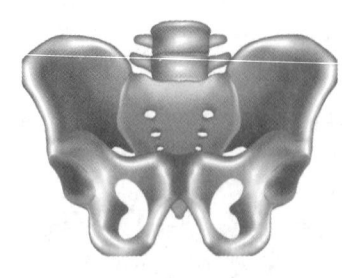

男性骨盆 　　　　　　女性骨盆

从脂肪分布上看，女性的皮下脂肪多于男性。女性的脂肪主要集中在乳房、腰部、背部及臀部，男性的脂肪主要集中在腹部和髋部。

从肌肉感觉来看，男性的肌肉比女性的肌肉更加结实有力。

男性与女性的体型差异决定了身材管理应因人而异、科学进行。

人体内部的秘密

畅|所|欲|言

每个人都经历过对自己的身体非常感兴趣的阶段,大都思考过或询问过"我是从哪来的?"会有意识地观察自己呼吸时肚子的起伏、盯着镜子细看自己的五官,会思考身体内部的器官究竟是如何工作的。

其实,人体的小秘密远比你表面上看到的多得多。从生命的孕育到十月怀胎后出生,从一个幼儿成长为一位青年,从身体的静止状态到参与身体锻炼,身体的正常工作支持你能参与自己想参与的生理活动、体育运动。

十月怀胎的秘密

十月怀胎对妈妈来说既是艰辛的又是幸福的。相信每一个当过妈妈的人都会对这段记忆刻骨铭心。在这短短的十个月中,小宝贝通过吸收妈妈体内胎盘中的营养,身体得到了迅速的生长。认真观察,你就会发现,小宝贝的内脏功能开始发挥作用了,再等等,小宝贝的神经系统、感觉器官也会有反应了。

第一个月:受精卵长不足 1 厘米,形状像一只小海马。其实,当受精卵形成的那一刻,妈妈的肚子里的这个小家伙就是一个真正的小生命了。

第二个月:胎儿身长 2~3 厘米,重约 4 克。胚芽经过慢慢的发育变成了胚胎,小生命开始有了一点点人的模样,先是长出了小手、小脚、耳朵、眼睛、嘴巴。

第三个月:胎儿身长约 9 厘米。胎儿的手指和脚趾已经能清晰可见,胎盘开始形成,脐带也慢慢长大。

第四个月:胎儿身长约 18 厘米,体重约 120 克。胎儿的耳朵、眼睛、鼻子已经成形。胎盘已经发育成熟,能将胎儿与母亲紧密地连在一起。

第五个月:胎儿身长约 25 厘米,体重约 250~300 克。胎儿的运动神经和感觉神经开始发育,肌肉有了细微的活动。另外,胎儿的肝脏开始发挥造血功能,毛发开始生长,指甲也开始长出。

第六个月:胎儿身长约 30 厘米,体重约 650 克。胎儿长出的头发、睫毛、眉毛更加浓密了,骨骼也变得结实了。

第七个月:胎儿身长约 35~38 厘米,体重约 1 000 克。胎儿的眼睑已经打开,大脑开始变得发达,感觉系统也越来越发达。更有意思的是,胎儿的眼睛对光的明暗有了反应。

第八个月：胎儿身长约 40 厘米，体重约 1 800 克。胎儿接近成熟，即便现在离开母体也能存活。胎儿的身体长了小肌肉，小手和小腿活动得越来越频繁。胎儿的听觉系统在这个月基本发育完成。

第九个月：胎儿身长约 45 厘米，体重约 2 500 克。这是妈妈妊娠的最后一个月。此时，胎儿在有外部刺激时会动整个身体，也有了面部表情。胎儿对母亲体外的光有了反应。胎儿体内各器官发育成熟，身体也变得圆润，皮肤有了光泽。胎儿在这个月随时有出生的可能，所以妈妈们要多加留意。

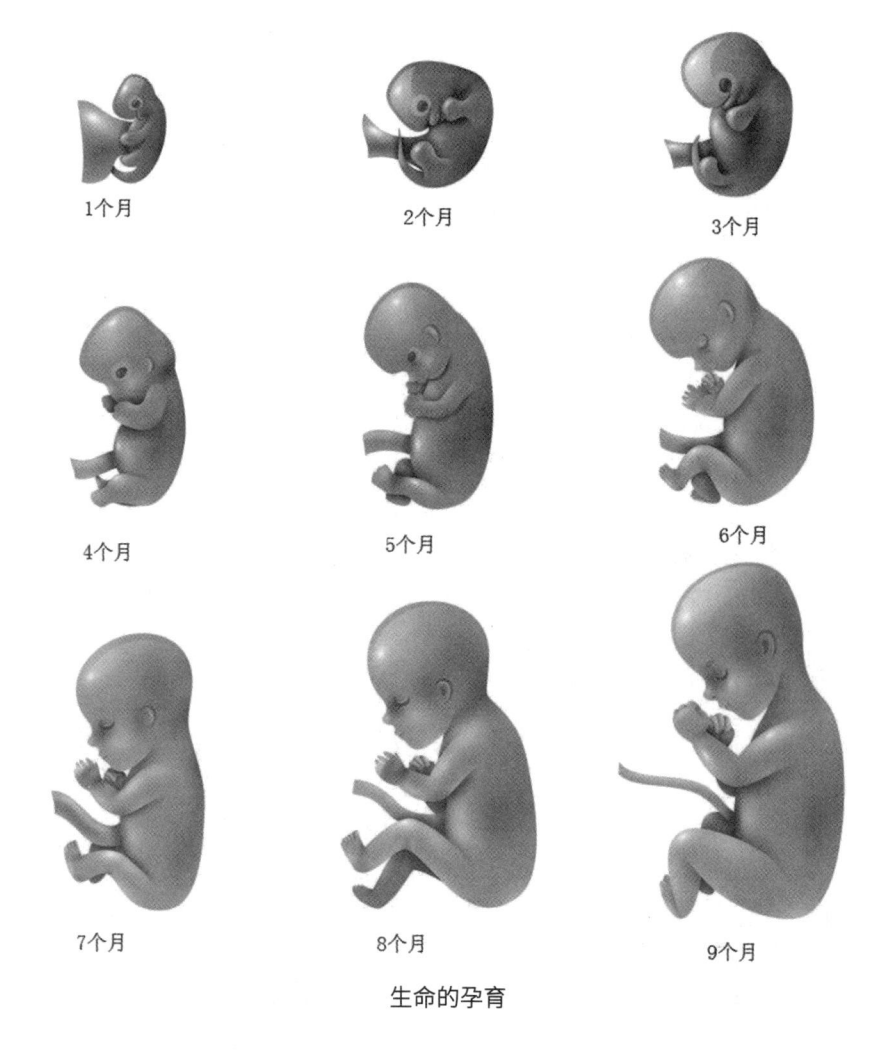

生命的孕育

人体主要的系统及器官

人体的结构既庞大又复杂，它共有九大系统，每个系统都有各自的功能。如果将人体比喻成一所房子，那么运动系统就是房子的承重墙，起着支撑作用；神经系统如同房子内纵横交错的电线，也如同房间里的电闸，控制着开关；循环系统就像新风系统，帮助房间过滤空气，输入新的"氧气"等。

人体系统之所以能发挥各种功能，归根结底是因为其包含着各种各样的器官，真正能发挥作用的其实是人体内部的器官。说到这儿，你一定更加急切地想知道这些系统及器官吧。

表 2-1　人体九大系统与主要器官及常见疾病

九大系统	主要器官	常见疾病
运动系统	骨、关节、骨骼肌等	骨折、骨质增生、生长痛等
消化系统	胃、小肠、大肠、食道、口腔等	肝胆疾病（脂肪肝、胆结石）、腹泻、慢性肠胃炎等
呼吸系统	鼻、咽、喉、气管、支气管、肺等	肺结核、婴幼儿肺炎、支气管痉挛等
泌尿系统	肾、膀胱、输尿管	急性肾炎、慢性肾衰、肾结石等
生殖系统	卵巢、子宫、前列腺、睾丸等	不孕、痛经、前列腺炎等
内分泌系统	下丘脑、甲状腺、肾上腺、性腺等	糖尿病、肥胖症、甲状腺机能减退等
神经系统	大脑、脑干、小脑、脑神经、神经节等	神经衰退、老年性痴呆、癫痫病等
免疫系统	骨髓、脾脏、淋巴结、阑尾等	过敏、红斑狼疮等
循环系统	心脏、动脉、静脉等	心肌梗死、心律失常、动脉硬化等

作为一个要管理自己身材的人，你必须先解了自己的身体，让自己更科学地掌控自己的身体。

如果你没有充分了解自己的身体，明知道自己已经骨折或者有严重的胃病，仍然坚持剧烈运动，依旧严格管控自己的饮食，那么可能会有损身体健康，得不偿失。

身体是如何参与运动的

人体参与体育运动锻炼时,需要全身各组织、器官的积极配合。人体内部,任何一个"成员"出现问题,都可能影响人体正常的生理活动和体育运动。这里重点了解下参与人体运动最积极的两个"成员":运动系统、呼吸系统。

参与人体运动的活跃分子——运动系统

◎ 运动系统的功能及其对身体运动的参与

运动系统包括骨、骨连接和骨骼肌三个部分,这些器官占人体的60%左右。运动系统的首要功能就是运动。

人的运动其实是一个很复杂的过程，很多时候，即便我们安静地坐着，身体内部其实也在进行着一些生理活动。

人的运动其实有两种形式，一种是简单的移位，就是我们通常能很容易感知的运动，如跑步、游泳、瑜伽等；另一种是高级活动，就是容易被我们忽略不计的活动，如说话、书写等。

走跑、跳跃、躲闪等运动都需要身体各部位的积极参与、配合

不管是简单的移位运动还是高级活动，都离不开神经系统的支配。当神经系统发出信号，分布在人体各部分的肌肉就会进行收缩。即便做一项非常简单的运动，如抬手，也会需要神经系统的支配和许多肌肉的参与。其中，一些肌肉承担着完成运动预期目的的角色，另一些肌肉则主要发挥协同配合的作用，或者扮演对抗的角色。

运动系统能支持人体积极参与运动，具体表现在三个方面：构成人体体型、支撑人的体重与内部器官、维持身体姿势。人体的姿势一方面由骨和骨连接来承担支架作用，另一方面还要靠肌肉的紧张度来维持。

接下来，一起来看下运动系统中，骨骼、关节、肌肉是如何参与人体运动的吧。

◎ 人体的有效支撑——骨

虽然我们体内有两百多块骨头，但没有一块是多余的，少了哪块都会给你的生活带来不便。所以，我们必须努力地认识和保护它们。

骨也就是骨头，它是运动的基础，它除了能为人体运动提供复杂的体系结构，还扮演着一个重要的角色，即肌肉与肌腱牵拉产生运动的杠杆。

骨是由骨组织构成的，分布在其外侧的是密质骨，而内部则是松质骨。

虽然人骨从表面上看光滑无缝隙，但它其实是"空心"的，骨的内部有一定空隙。在骨的内部，主要分布着骨髓。骨除了有支撑身体的重要作用之外，还能存储一些矿物质，如钙盐和磷酸盐，它们也是神经传导、肌肉收缩、血液凝固所需的重要矿物质。

别看骨头是硬邦邦的，其实与其他内脏器官一样，它也有活性，能不断随着人体环境的改变而改变，可以进行新陈代谢和生长发育，而且有修复、再生和重塑的能力。

经常运动，特别是坚持走路、跑步等运动，可以让我们的骨骼更结实、强壮。相反，如果不爱运动，身体常年不参与活动，那么骨骼就会慢慢自我溶解，此时一旦做一些较为剧烈的运动就容易骨折。

◎ 连接骨与骨的结构——关节

对我们的身体而言，关节是一个极其重要的部分。没有关节，我们就没法站立、没法行走、没法拿东西，甚至连基本的生活自理都难以实现。所以，了解我们的关节、保护我们的关节是很重要的。

人体有了关节，才能让骨与骨得以连结。人体关节在运动中发挥的最大作用就是支点作用。运动的产生过程复杂，即当骨骼肌受到神经传来的刺激收缩时，将会牵动其附着的骨围绕关节活动，于是就有了人体运动。

关节主要由三个部分组成：关节面、关节囊、关节腔。

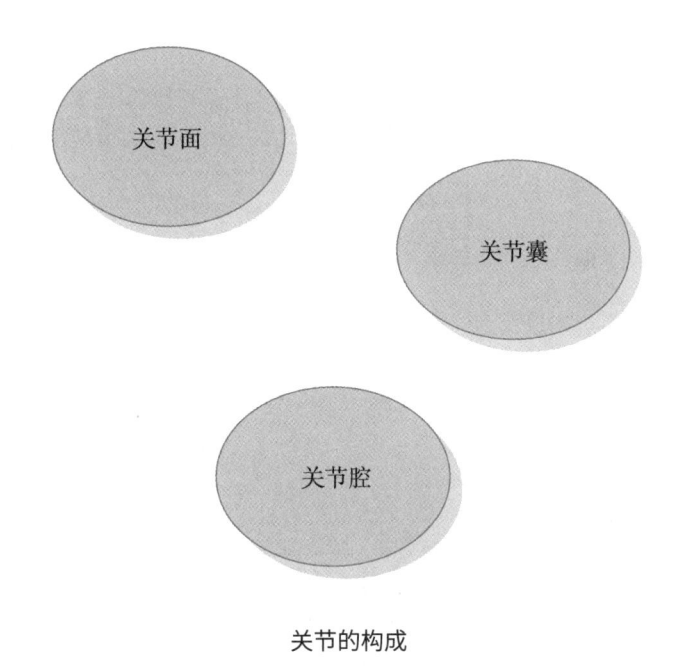

关节的构成

根据人体参与运动时关节的可运动状态，人体的关节主要可以分为三种：不动关节、半动关节和动关节。

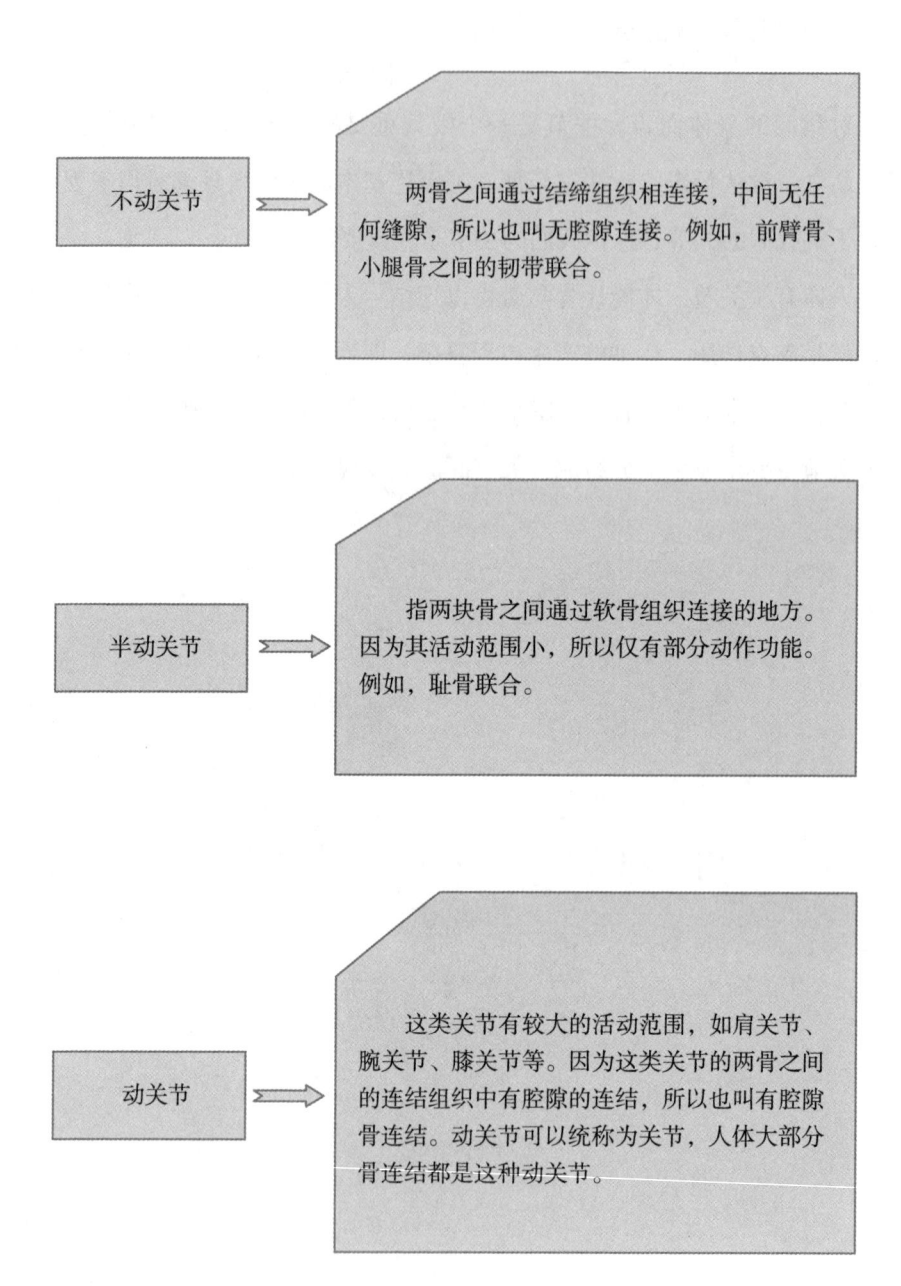

| 不动关节 | → | 两骨之间通过结缔组织相连接，中间无任何缝隙，所以也叫无腔隙连接。例如，前臂骨、小腿骨之间的韧带联合。 |

| 半动关节 | → | 指两块骨之间通过软骨组织连接的地方。因为其活动范围小，所以仅有部分动作功能。例如，耻骨联合。 |

| 动关节 | → | 这类关节有较大的活动范围，如肩关节、腕关节、膝关节等。因为这类关节的两骨之间的连结组织中有腔隙的连结，所以也叫有腔隙骨连结。动关节可以统称为关节，人体大部分骨连结都是这种动关节。 |

关节的分类

> **温馨提示**
>
> 运动中如何保护关节？
>
> 比较推荐的方法：选择适合自己的运动方式；做好运动前的热身；运动中做一些有针对性的力量训练；运动后完成一些必要的恢复训练。
>
> 注意事项：控制运动量和强度。

◎ 关节活动、产生力量的来源——肌肉

我们要完成某些动作时，首先都需要神经系统的调控，然后由肌肉的收缩与舒张带动骨、关节运动实现。

人体中有三种肌肉：骨骼肌、平滑肌和心肌。其中，比重最大的是附着在骨骼上、负责骨骼运动和维持体位的骨骼肌。

与平滑肌和心肌不同的是，骨骼肌会受大脑的直接控制。比如，当我们要游泳或跑步时，大脑会发出一个指令，然后我们就会进入泳池游起来或迈步开始跑。

平滑肌、心肌的运动，有时你感受不到，或者难以控制它们的运动，比如组成肠胃的平滑肌，可能只有当肚子饿得咕噜咕噜叫时我们才能感觉到肠胃的蠕动。这就是肌肉在自主完成运动。

人体的很多肌肉都是可以通过运动锻炼出来的，所以我们要想拥有完美的身材就要为自己制订一套科学的锻炼计划，遵循计划练起来。

但是，在运动时要注意不要让肌肉过度收缩或牵拉，否则很容易引起肌肉拉伤，给自己的身体带来危害。

人体参与运动的重要帮手——呼吸系统

◎ 呼吸的原理

人只要是活着就会呼吸,会不断地从空气中摄取氧气,然后从体内排出二氧化碳,进行气体的交换。这里就带你认识人的呼吸是怎样的一个过程。

呼吸运动是通过膈肌、肋间肌的收缩来实现的。在呼吸时,人的胸廓会有节奏地扩大和缩小。

静静地平躺在床上,你能发现,当你吸气时,你的肚子会鼓起来。其实,在你吸气的同时,你的膈肌和肋间肌也在进行收缩,并推挤腹腔脏器向下,胸廓扩大,当肺内的气压小于大气压,气体就会被压入肺部,于是就会看到你的肚子明显鼓了起来。

同样,当你向外呼气时,你的肚子又恢复平坦了。这是因为你在呼出那口气时,膈肌和肋间肌同时进行着舒张,膈肌、肋骨回到原来的位置,胸廓缩小,肺部的气压超过了大气压,促使其从肺内压入空气,就有了最初平坦的肚子。

◎ 正确呼吸很重要

躺在床上的吸气只是一个用力的过程,而呼气仅是一个放松过程,无须刻意用力。但运动时的呼吸就没这么轻松了,需要更多的腹肌和肋间肌的参与,所以进行一定的腹肌训练对呼吸很有帮助。

如果不会正确呼吸,那么在运动过后或运动中就可能会出现心跳加速、头晕恶心、胸闷气短、岔气等不适症状。

正确的呼吸,不但可以增强人体在运动时的力量,还可以帮助运动者找到很好的运动节奏,对控制身材很有益。

不同的运动要有不同的呼吸规则，如进行力量训练时，如果选择的器械有些重，那么可以在发力时呼气，还原时吸气，切记不憋气；如果器械重量很大，那么可以先缓慢吸气，发力时要憋住气且绷紧肌肉。

◎ 三种重要的呼吸方式

呼吸方式有三种：胸式呼吸、腹式呼吸和胸腹联合式呼吸。

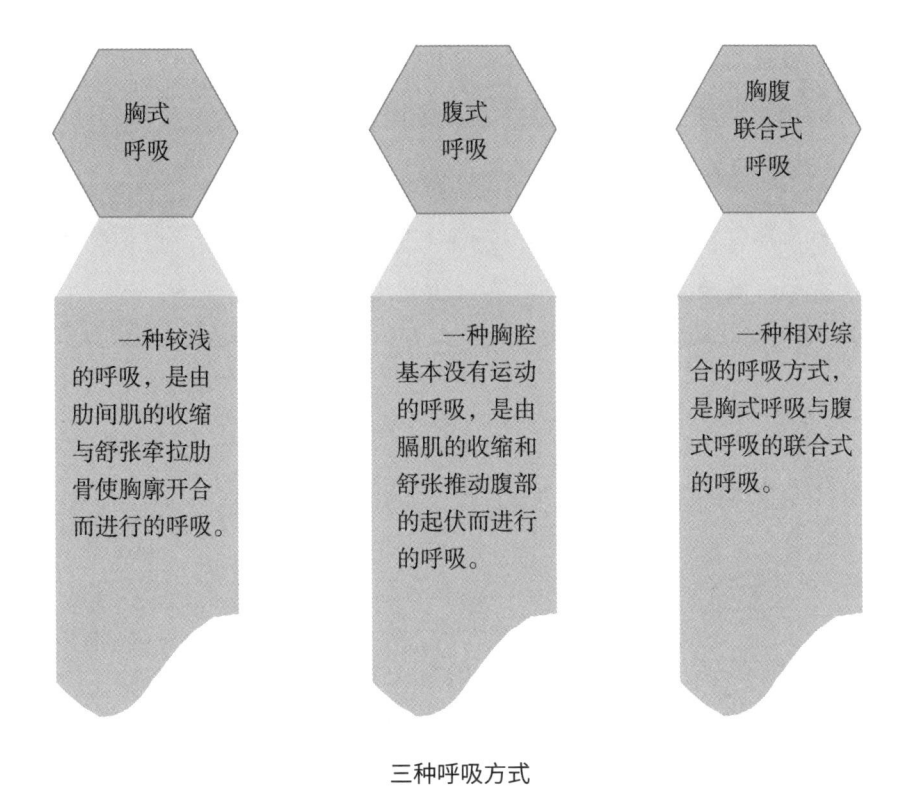

胸式呼吸：一种较浅的呼吸，是由肋间肌的收缩与舒张牵拉肋骨使胸廓开合而进行的呼吸。

腹式呼吸：一种胸腔基本没有运动的呼吸，是由膈肌的收缩和舒张推动腹部的起伏而进行的呼吸。

胸腹联合式呼吸：一种相对综合的呼吸方式，是胸式呼吸与腹式呼吸的联合式的呼吸。

三种呼吸方式

在运动过程中，如果你的呼吸没能充分利用横膈膜，却过分依赖胸部肌肉，将很容易使肌肉感到疲劳，从而造成损伤。所以，这里建议大家采用腹式呼吸调节呼吸。

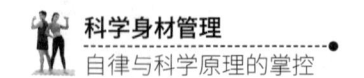

> **温馨提示**
>
> ### 防治岔气的小妙招
>
> 岔气不可怕,因为它既能预防,也能通过一些简单方法来消除疼痛。通常,做好运动之前的热身就可以预防岔气。当然,如果在运动过程中发生岔气也不要慌,这里教大家几个小妙招。
>
> - 深呼吸。慢而深地吸气和呼气,能满足身体对氧气的需求,能有效地放松呼吸肌,从而消除疼痛。
> - 调整呼吸的节奏。比如,在跑步时,将呼吸与跑步节奏相结合,两步一呼一吸或者三步一呼一吸。
> - 先深呼吸且憋气,尝试用你的手稍有力度地敲打胸腔两侧或疼痛处,随后慢且深地呼吸,如此重复几次。

科学健身，男女有别

男性与女性的简单比较

男女有别，没错，这种区别不只体现在身体上，在其他方面也表现得比较明显。每当说到男性与女性的差异，我们总能列出很多事例，而且总感觉还有更多的点可以列出来。

可见，男性与女性的差异永远是一个能引起热议的问题。这里大致总结出了四点（见下页图）。

要特别强调的一点是，不管男性与女性存在哪方面的差异，哪方面的能力强与弱，都没有歧视某一方的意思。本小节内容只是根据男性与女性整体呈现出的较为普遍存在的一些状态和特点来做的一个简单的比较。

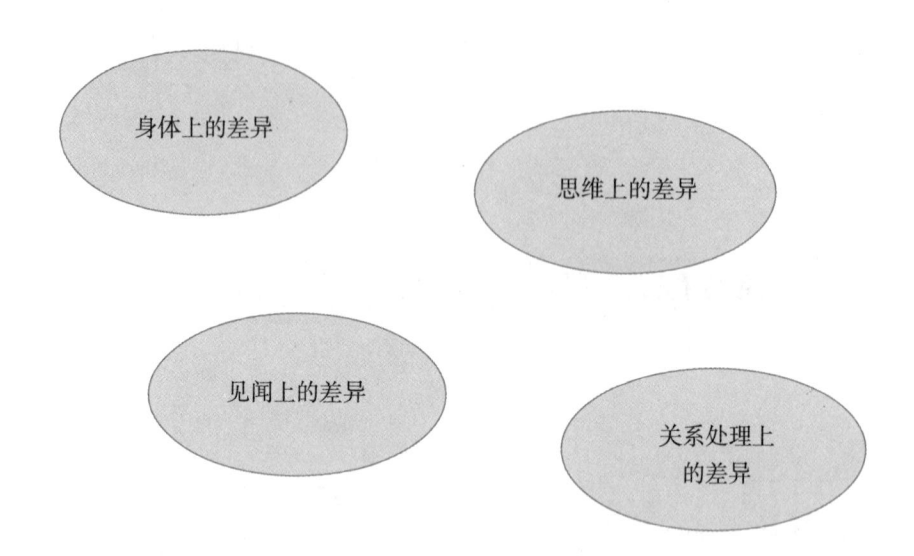

- 身体上的差异
- 思维上的差异
- 见闻上的差异
- 关系处理上的差异

男性与女性的简单比较

从身体上说，男性与女性的生理构造不同，所以同龄男性的力气一般要比女性的力气大。

从思维上说，男性比女性要理性，女性比较感性，容易被周围的环境所影响。

在见闻上，男性多关注历史、战争、商业类知识、热点或新闻事件等；女性更关注情感、子女教育、个人护理等方面的知识、热点或新闻事件等。

在关系处理上，男性大度，不拘小节；女性心思细腻，比较在意人际关系中的细节问题。

男性与女性在运动潜能上的差异

在运动潜能上，男性与女性的差异主要体现在身体形态、生殖系统、呼吸系统、血液和循环系统、运动系统等方面。比如,男性的身高、体重、肌肉力量及运动力量一般超过女性。再如,女性关节的柔韧性和灵活性比男性好。

男性肌肉力量大

女性柔韧性好

总的来说，女性的运动能力不如男性，如速度素质比男性差，肌力仅为男性的 2/3 等；然而，女性的身体利用氧的能力、耐力、利用脂肪供能的能力、抗热能力及身体可训练性都能与男性相抗衡，甚至优于男性。

性别不同，健身方式不同

◎ 适合男性的健身方式

青年男性朋友可以选择的健身方式其实有很多，而且对健身场所没有特别要求。例如，要想控制体重、提高肺活量、促进血液循环可以选择游泳、骑自行车、慢跑等。

当前，有很多男性运动爱好者，他们热衷于通过参与一些运动项目或专门性的力量训练来增肌。

如果你想拥有健硕的腹肌，可以选择的健身方式有做仰卧起坐、俯卧撑、卧推和抓举哑铃等；如果你想拥有粗壮的手臂，可以选择举哑铃、杠铃和做引体向上等；如果你想拥有结实的腿部，可以选择的健身方式有做深蹲、举杠铃、慢跑、骑单车等。

第二章
身材管理第一步，认识身体

跑步

滑雪

科学身材管理
自律与科学原理的掌控

骑行

足球

适合男性且备受男性喜爱的几种运动项目

◎ 适合女性的健身方式

与男性相比，女性健身的方式就比较柔和，毕竟女性健身多数都是为了减肥塑型、增强体质。

如果你想让手臂、小腿和大腿的肌肉更有型一些，可以选择羽毛球。如果你想用一种有效的方法增强肺活量，并且增强心肌功能和身体抵抗力，那么就可以选择游泳。

如果你想让自己的身体更有柔韧性，可以选择跳舞。如果你想甩掉大腿上的赘肉，可以选择骑车。

当然，你若想选择一种既不需要费多大力气又能促进新陈代谢的运动，那散步也是不错的选择。

瑜伽

科学身材管理
自律与科学原理的掌控

健美操

形体训练

适合女性且备受女性喜爱的几种运动项目

温馨提示

运动没有性别专属，大胆去尝试

虽然男性与女性的健身方式有所区别，但是这并不意味着适合男性的运动就不适合女性，或者适合女性的运动就不适合男性，有很多运动都是男女通用的。

参与运动健身，改善身材是一方面，更重要的是可强身健体、增强身体免疫力，保持身体健康。比如，跑步、游泳、骑车、慢走、羽毛球等健身方式，既适用于女性也适用于男性。当然，一些女性单纯想重塑身材比例，想完善线条、增加肌肉，所以举举哑铃、做做深蹲等也不是不可以的。

人的性别有男女之分，运动则没有，只要是你感兴趣的运动项目，你都可以去尝试。

第三章

健身健美：塑造优美形体

谈起健身健美，你很可能会想到均衡对称的身形、匀称的四肢、富有弹性的肌肉和优美流畅的身体线条。

如果你也渴望拥有健美的身材，那么就选择既可以健身也可以健美的健美操和瑜伽运动吧！

让这样的运动带给你健康，为你塑造优美的身材。

青春洋溢：健美操

畅|所|欲|言

你想让身材变得协调、匀称和优美吗？健美操是非常不错的运动选择。健美操可以让你全身各个部位都得到充分的活动，为你塑造美好身形，同时也让你充满活力，保持好心情。

认识健美操

健美操是融合了体操、舞蹈以及健身等动作和音乐的运动项目，富有娱乐性和艺术美感。

健美操有很多种类，比如按照目的可将其分为健身健美操、竞技健美操、表演健美操。这里以健身塑型为目的，以下主要带你了解健身健

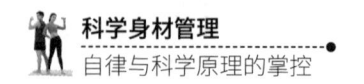

美操。

　　健身健美操是适合大众锻炼身体的运动，适用于不同年龄阶段和不同性别的人，动作简单易学，可以根据每个人不同的情况自行编排动作，时间可以在5分钟到1小时不等。

温馨提示

健美操运动注意事项

　　健美操是一项耗能较大的有氧运动，所以不能在饥饿状态下参加该运动，以免造成低血糖。当然，吃太饱时也不能参加健美操运动，最好在饭后1～1.5小时之后再参加健美操运动。

　　患有感冒、发烧以及心血管疾病的患者不可参加健美操运动。

　　健美操运动对下肢有较强的冲击力，所以在参与运动前要穿好舒适、柔软、有弹性的运动服、运动袜以及运动鞋。

全面丰富的基本动作

　　如果能够跟着音乐做出协调连贯的健美操动作，那么你在运动的过程中就能感受到身体舒展、心情放松的快感。然而，要做到动作协调连贯，享受到健美操运动带来的美好感受，首先要练好各个部位的基本动作。

　　下面为你介绍身体各个部位的基本动作。

◎ 花式手型

尝试做出几种不同的手型，你会发现不同的手型会使手指、手腕的不同关节、肌肉产生活动。

让手部各个关节和肌肉得以充分活动就是健美操变换手型的意义所在。

健美操常用的手型主要有五指分开出掌、五指并拢出掌和出拳三种。

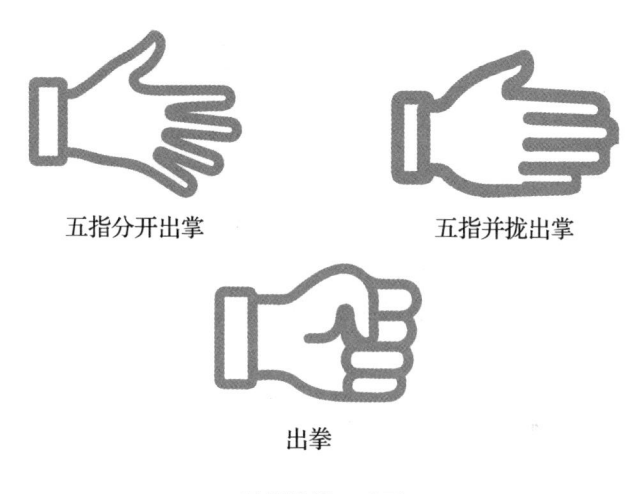

五指分开出掌　　　　五指并拢出掌

出拳

健美操常用手型

◎ 头颈动作

转转脖子、动动头，不仅能帮你缓解疲劳，对颈椎也非常有好处。在健美操中，头颈动作看似幅度不大，但一些基本动作也至关重要。

颈部的基本动作以屈、转、绕为主。"屈"就是向左、向右、向前、向后弯曲你的脖子；"转"是指向左或向右转动你的脖子；"绕"则是以脖子为轴，头部沿弧线做环绕的运动。

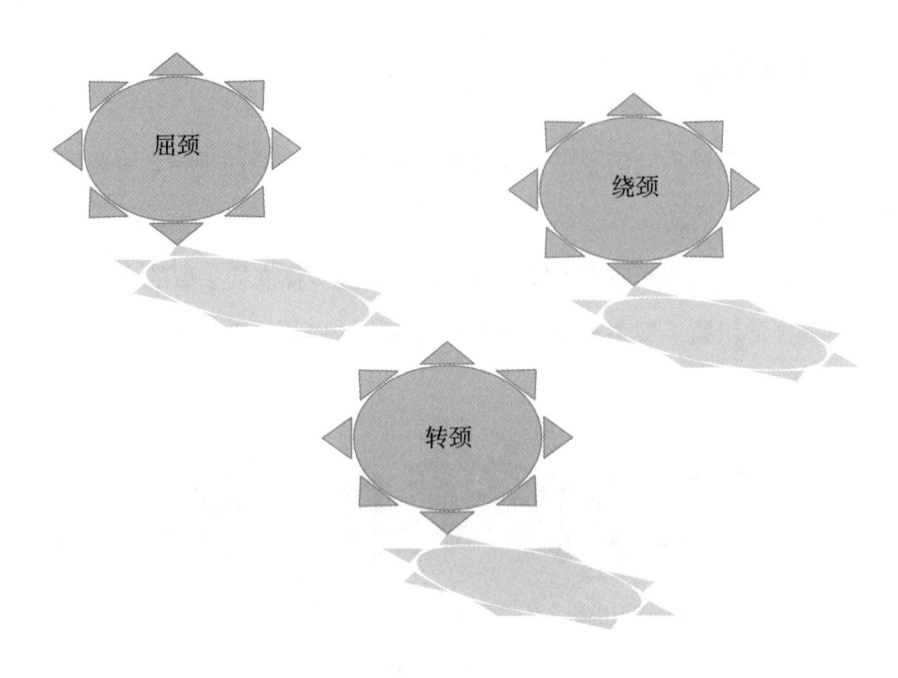

健美操颈部基本动作

◎ 上肢动作

健美操运动中，上肢的动作有很多种，在屈伸甩动中展现优美的姿势，也让你的手臂、肩部的各个关节、肌肉、肌腱得到充分的锻炼，练就优美上肢。

上肢基本动作以举、屈、摆、绕、振、旋为主。

"举"是指将你的双臂或单臂直臂举起，有前举、侧举、上举、后举等。

"屈"即屈肘做出各种手臂动作，比如胸前屈臂、肩侧屈臂、手触肩侧屈臂、头后屈臂、叉腰侧屈臂等。

"摆"即以肩关节为轴，直臂向前、后、左、右摆动的动作，这个动作就好似钟摆摆动一般。

双臂上举，双手合十

"绕"也是以肩关节为轴，单臂或者双臂向内、外、前、后做弧线运动或者圆形运动。

"振"就是你在举臂的同时用力向后摆臂，主要有侧后振臂、上举振臂、下举振臂等动作。

"旋"是指以肩关节或肘关节为轴，旋转你的胳膊。

头后屈臂

◎ 躯干动作

做健美操时，你躯干部分的胸、腰和髋都要跟随节奏做出相应的动作。

当你的躯干动作丰富多变，并且幅度大、标准有力时，健身塑型的效果就会更加明显，同时还可以提升整个身体动作的美感。

胸部动作

胸部基本动作以含胸、扩胸、移胸为主。

含胸指两肩内扣,低头缩小胸腔,形成收缩的状态。

扩胸指两肩外扩,双臂外展,抬头挺胸,扩大胸腔,形成外扩的姿势。

移胸时,向左右移动胸部,动作过程中,需要结合腰、肩部一起移动,以移胸为主。

右移胸

左移胸

腰部动作

腰部基本动作以屈、转、绕为主。

"屈"主要指向前、后、左、右弯曲腰部的动作;"转"是指下肢站定,再向左、右扭转腰部的动作;"绕"则是以身体中轴线为轴,下肢不动,上体沿弧线做环绕运动。

腰前屈

髋部动作

髋部基本动作以顶、提、绕为主。

"顶"是指向前、后、左、右移动你的髋部;"提"是指向左或向右提起你的髋部;"绕"是指以髋关节为轴点,做弧线或环形的运动。

◎ 下肢动作

健美操中下肢的动作以走步、跳跃为主。比较常用的下肢动作有踏步、交叉走步、侧摆腿（跳）、跑跳步、并腿跳、开合跳、弓步（跳）、后踢腿（跳）等。

跑跳步

踏步走时，跨出脚的脚尖先着地，随后整个脚掌再着地，两腿交替进行。

交叉走步时，需要两脚相交向前或向后进行。

跑跳步就是在跑动（一般为原地跑）的过程中，使迈出的腿高抬，形成跳起落下的动作。

侧摆腿跳，即一腿跳起，另一腿向侧面摆动，两腿交替进行。

弓步跳时，先并腿跳起，落地后成弓步。做此动作时要把握好重心。

温馨提示

坚持运动不偷懒

如果你想要通过做健美操而塑造好身材，只有坚持锻炼才能见到效果，不可中途放弃。

做健美操动作时不可偷懒，每个动作要重复多做几次，每做一次动作就要做到位。

将各个部位的动作结合起来练习，不可做太长时间的局部动作。

在做健美操期间要适当控制饮食，但不能盲目节食。

修身养性：瑜伽

畅|所|欲|言

瑜伽是一种能够让你的身体、心灵归于平静的运动，那看似安静的体位动作在塑型健身方面效果显著。

瑜伽动作高雅且具有修身健心的效果，因此深受人们的欢迎。你参与过瑜伽运动吗？你是怎样认识瑜伽的呢？

认识瑜伽

瑜伽本是源于古印度的一种古老运动，也是当时印度的一种哲学派别。

经过不断的发展，古老的瑜伽分出了很多流派，比如智瑜伽、业瑜伽、奉爱瑜伽、王瑜伽、哈他瑜伽等。

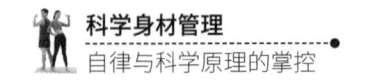

如今的瑜伽已经成为一种修身养性、健身健心的运动，以哈他瑜伽最具代表性。

现在社会上也有一些传统瑜伽术与健身概念相结合形成的瑜伽动作，比如哈达瑜伽、高温瑜伽、尼达拉瑜伽等，但这些也只是练习的动作和方法，并不能构成派别。

瑜伽运动对于场地的要求一般不太高，在家或者在健身房都可以练习瑜伽。当气候温暖时，在户外找一处安静的地方，既可以练习瑜伽，也可以亲近自然，感受大自然之美。

户外瑜伽

瑜伽动作的基础——坐姿

安静地坐上一会儿,你的内心也会随之平静和放松下来,工作和学习中产生的疲劳也能消除不少,这便是瑜伽坐姿的神奇之处。

此外,学练瑜伽的各种坐姿,有助于你练习呼吸,能够促进冥想、放松心情、保持身体稳定,为做瑜伽体式动作打好基础。

◎ 简易坐

简易坐姿是一种最常见的盘腿坐姿。

你可以在垫子上或者地上坐好,将两腿先伸直。

简易坐

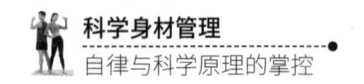

盘腿时，先将右腿弯曲，右脚压在左大腿下；随后左腿弯曲，左脚压在右大腿下。

双手自然放在双膝上，头、颈和躯干挺直上提。

◎ 蝴蝶坐

坐在地上或垫子上，弯曲双腿，让两脚脚底相对紧贴，上身保持直立。

双手向内扳动双脚，让双脚脚后跟尽可能靠近会阴部。

随后，双手自然扶握脚踝，慢慢向下压腿，使双膝尽量贴近地面。

按照自己的承受能力保持这一姿势一段时间。

最后，膝盖并拢还原，双手抱小腿放松。

蝴蝶坐

◎ 莲花坐

坐在地上或垫子上，伸直你的双腿。

弯曲左腿，用手抓左脚，使脚背贴着右大腿，脚跟对着下腹部。

弯曲右腿，用手抓右脚，将其从左腿下扳过去，让脚背贴着左大腿，脚跟对着下腹部。

挺直腰背，使头、颈、躯干在一条直线上，上提头颈和躯干。

◎ 半莲花坐

坐在垫子或者地上，将你的双腿伸直。

盘腿时，先弯曲右腿，右脚脚掌贴着左腿小腿内侧；再弯曲左腿，将左脚放在右腿上面，左脚背贴右小腿。

坐好后，挺直头、颈、躯干，使它们保持在一条直线上。

坚持这一姿势一段时间后，两腿交换位置，继续打坐。

半莲花坐

◎ 至善坐

两腿并腿坐在垫子上,弯曲左腿,两手抓左脚,使左脚脚掌紧贴右大腿,脚跟顶住会阴部。

弯曲右腿,两手抓右脚,将其放在左脚脚踝之上,使右脚掌置于左大腿和小腿之间,右脚跟靠近耻骨。

挺直腰背,头、颈、躯干保持在一条直线上。

保持这一姿势一段时间后,两腿交换位置。

◎ 武士坐

坐在地上或垫子上,双腿并拢伸直。

弯曲双腿,双手抓右脚,使其从左腿小腿下穿过,脚跟靠在左臀外侧。右脚跨过左膝,脚跟顶住左臀外侧。双手自然置于膝盖上或者自由摆放。

坐好之后,双膝与鼻子处在一条直线上,双脚尽量处在一条直线上。

挺直腰背,上提头颈,按照自己的情况坚持一段时间。

武士坐

◎ 吉祥坐

吉祥坐的基本动作和至善坐一样，只是吉祥坐姿的两脚后跟不顶住会阴部或靠近耻骨。

温馨提示

瑜伽坐姿注意事项

瑜伽坐姿一般要静坐较长时间，那么在打坐的时候一定要注意保暖。比如在膝盖、脚心等部位盖上毯子，不到风特别大或者温度较低的地方打坐。

饱腹或饥饿的状况下不能打坐，最好在饭后或者饭前一小时打坐。

患有头晕、发烧、腰椎疼痛等疾病时不宜打坐，可以等身体恢复之后再打坐。

女性在月经期以及怀孕期间不宜打坐。

打坐时间不宜过长，初学者一般打坐10～20分钟即可。

修身养性的瑜伽体式

瑜伽体式丰富多样，能改善身材、镇静心神，选择你喜欢的体式动作进行练习，可以帮你增强和平衡身体的各大系统、促进血液循环，也能帮你塑造优美的身材和优雅的气质。

◎ 树式

自然站立，放松身心，调整呼吸，逐渐将重心移至支撑脚。

另一条腿屈膝抬起，脚掌顶住支撑腿大腿内侧。

双手在胸前合十，慢慢上举，同时使重心上移。

维持此动作数秒后，换另一条腿。

◎ 船式

仰卧在垫子上，放松身体，双腿并拢，双臂伸直放在体侧。

以臀部作为支撑点，吸气，上身、手臂、双腿同时向上抬起，尽量保持身体平衡。

双腿抬起后，双脚并拢绷直，双手水平向前伸直。

上身挺直，与双腿形成一个"V"字形。

保持这一姿势数秒之后，呼气还原，放松身体，准备下次练习。

船式

◎ 三角伸展式

双脚开立，双臂侧平举，站成"大"字形。

呼气，向右侧顶髋部，伸直双腿，双腿向右侧倾斜。

吸气，上身向左侧弯曲，左手顺着左腿向下滑动，同时右臂直臂向上伸展。

左手触到左脚脚踝或者左脚边的地面后，转头看向天空。

保持这一动作数秒后，换另一侧继续此动作。

三角伸展式

◎ 眼镜蛇扭转式

俯卧，将你的下巴或额头放在垫子上。

双手掌心朝下、指尖朝前，在胸部两侧支撑。

吸气，在双臂的支撑下慢慢抬起上半身，直至双臂伸直，上身尽量与地面垂直。

呼气，耻骨支撑地面，向左侧扭转身体。达到最大限度后，向左侧扭转头部，眼睛看向左脚脚后跟。

保持这一动作数秒后，吸气回正，再向右侧转动身体和头部。

按照自己的情况，重复以上动作数次。

眼镜蛇扭转式准备动作

◎ 坐姿扭转式

坐在垫子上，两腿伸直，上半身挺直，身体重心均匀地落在臀部。

屈起左膝，使左脚后跟朝向臀部；右腿伸直，脚尖朝前绷直。

右手抱左膝外侧，或者右手肘顶住左膝外侧；左手在臀部后外侧支撑地面，指尖朝外。吸气，向左侧扭转身体。

保持这一动作数秒后呼气还原，按相同步骤向右侧扭转身体。

坐姿扭转式

◎ 侧板式

侧卧，右手手掌或小臂撑地，双脚稍微分开撑地，双腿与身躯尽量保持在一条直线上。

吸气，向上支撑身体，转头看向空中，左侧手臂伸直向上。

保持这一动作数秒后，呼气还原。

按照自己的情况多练习几次后换另一侧练习。

◎ 望月式

站立，向前迈出一大步。

迈出腿做大弓步姿势，后方腿蹬直，脚尖支撑地面。

双臂直臂下垂,指尖触地。

抬头挺胸,眼睛看向前方,保持这一姿势数秒。

还原后换另一侧腿做弓步。

侧板式

望月式

◎ 侧角拜月式

开立,挺直上身,双手合十。

吸气,向右侧做弓步,上身挺直向右侧倾斜,眼睛看向左侧上方。

保持这一姿势数秒,期间正常呼吸。

还原后向另一侧做弓步和倾斜上身的动作,眼睛看向右侧上方。

按照自己的情况多练习几遍。

侧角拜月式

◎ 单腿鸽王式

坐姿,弯曲左膝放于体前,右腿在体后伸直,双臂自然放置。

向右侧扭转上身,右腿弯曲向上,右手提起右脚,将右脚卡在右臂弯中。

左手从头后侧弯曲，抓住右手。

头向后靠，正常呼吸，保持数秒后还原，用同样的方式进行另一侧的练习。

单腿鸽王式

◎ 婴儿式

跪坐，臀部放在脚后跟上，上体挺直，双手自然放在大腿上。

吸气，向下弯曲上身，臀部依旧在脚后跟上。尽量使额头贴住地面，如果做不到可以放一个柔软的物件垫一垫。

上身弯曲、额头触地的同时，手臂向前伸直。

保持这一动作数秒，期间正常呼吸。最后呼气还原。

第三章
健身健美：塑造优美形体

婴儿式

第四章

豪情搏击：打造力量王者

拳击和跆拳道是大家都很熟悉的运动项目，但是很多人不知道的是，这两种运动不仅可用于防身自卫，更是健身塑型的绝佳运动。

拳击可以说是众多健身项目中最消耗能量的运动之一。拳击的动作灵活多变，活动量大，减脂效果明显，对于减肥和个人体能的提升都有很好的效果。

跆拳道虽然也是力量型的运动，但它对维持我们体型的柔美与韧性都有很大的帮助，经常练跆拳道可以使我们的身体变得更加柔软，姿态更加优美。

来吧，豪情搏击，参与拳击与跆拳道的练习，你准备好接招了吗？

强劲出击：拳击

畅|所|欲|言

提起拳击，你会想到什么场景？是拳击场上对战双方大汗淋漓地持续进攻与防守，还是一方倒下，另一方胜利时的精彩瞬间？

拳击这种运动虽然看起来非常激烈，但实际上它也是一种极具美感的艺术化的体育运动。除此之外，你还知道拳击有哪些特点吗？

带你了解拳击

拳击是一种需要戴着手套来进行格斗的运动。这里简单介绍拳击中可用于日常健身锻炼的拳击基础技术动作，如果想要提高拳击技术动作威力以达到竞技水平应跟随专业教练学练。

在拳击运动中,一方面你需要避开对手的打击,另一方面,你也需要尽量击中对手,并努力战胜对手。

◎ 拳击是一种艺术化的搏斗

和其他的体育运动不同,拳击运动是一种由两个人通过拳头来进行的对抗运动,而这对抗的过程,不仅仅是体能和技术上的较量,也是心理上的较量。

在拳击场上,你需要戴上特制的拳击手套,按照固定的规则和基本的技术要求,与对手进行攻和防的对抗。需要注意的是,在攻击对手时,你只能将对手的腰髋以上的身体部位作为攻击目标。

拳击的攻防动作既可以迅速凌厉、充满力量,又可以潇洒自如、展现优美姿态,给人以独特的、艺术化的搏斗美感。

拳击运动同时也是一种非常复杂的运动,因为你需要在极短的时间内判断出对方的攻防情况,并且迅速采取相应的防御或者攻击动作。

◎ 拳击的健身作用

拳击的运动强度和活动量都特别大,无论是男性还是女性,都能通过拳击运动达到很好的减脂效果。同时,在激烈的运动中,还可以促进人体血液的循环及新陈代谢,使身体变得更加柔软。

除了塑型瘦身,打拳击还可以增强我们身体的力量素质。

拳击运动的攻防动作需要依靠人体的爆发力才能完成,也就是说,我们要在极短的时间内发挥出自己身体的最大力量。在与对手对打时,我们必须使出比对手更快、更有力的动作,才能在搏斗中占据优势,顺利击败对手。

另外，经常练习拳击，还可以使我们的肌肉长时间工作的能力得到加强，从而提高我们的耐力素质。

拳击的站立姿势

拳击运动有着严格的站立姿势，对我们的上半身和下半身状态都有着严格的规定。

◎ 上半身状态

首先要注意头部，站立时头部稍稍低下，下颌收起，牙齿合拢，前额朝向对手，目视对手的眼睛，观察对手的动作意图。

自然站立，上身稍向对手的方向倾斜，如果需要转动身体，应该以腰部及其附近的关节为轴来进行。

站立时，左拳在前，右拳在后。左手手肘弯曲幅度要大于直角，右手手肘弯曲幅度要小于直角，分别防护左肋和右肋。左拳重点防护左脸颊，高度要比肩膀稍高，大致与对手的下巴持平。右拳重点防护右脸颊，直指对手的下巴。

双拳护脸

◎ 下半身状态

左脚在前，右脚在后站立，左右脚大致呈 45°角，前后距离 35～45 厘米。当然，这个距离也可以根据自己的身高及站立习惯进行适当调整，尽量使自己感觉舒适。

为了保持身体的平衡，左右脚的水平距离应控制在 20～30 厘米左右，要保证即使在受到猛烈的外来冲击时，依然能够保持身体的平衡。另外，如果你的稳定性较好，则可以适当扩大双脚的水平距离。而如果稳定性较差，但是出拳速度快，那么就应该适当缩小距离。

站立时，右脚要向上抬起约 5 厘米左右，左腿膝盖处稍稍弯曲，整个身体的重心在两只脚上。

第四章

豪情搏击：打造力量王者

高重心站立

科学身材管理
自律与科学原理的掌控

低重心站立

拳击的基本拳法

以拳击拳法健身，可假想对面有一对手，通过出击、躲闪来练习拳法动作，锻炼手脚力量和灵活性。

◎ 左直拳

在拳击运动中，左直拳是其他所有拳法动作的基础，要想打得一手好拳，那么必须要能正确且熟练地运用左直拳。

出左直拳时，首先左脚向前跨一步，然后用右脚蹬地，使重心随着身体稍向前倾，并迅速伸直左臂，向对方出拳。出拳时，不要太过用力，整个手臂和肩膀的肌肉都要放松，使左拳呈直线向对方打过去，记住此时还需要含胸收腹，下颚内收，右拳放在下颚下侧附近，以便随时应对对手的反击动作。

◎ 右直拳

相较于左直拳，右直拳在拳击中使用的机会非常少，这是因为右直拳只适合在远距离时向对手使出，需要我们充分把握住时机，否则很容易被对手先下手攻击，失去主动权。

要打出右直拳，首先要用右脚蹬地，以此使全身力量由腰部传送到右肩，这时要迅速将右拳呈直线向前打出，主要攻击对手的头部。

右直拳的出拳距离远，所以出拳速度自然更慢一些。同时，为了更容易击中对手，需要我们用左拳做假动作来转移对手的注意力，破坏对手的防护动作，这样便可以为右直拳的使出创造更多机会。

右直拳出击

◎ 刺拳

刺拳主要用于试探对手，或者与其他拳法相配合，对对手发起连续性的攻击。

刺拳其实也属于直拳类，只是比直拳更短，力量也更小，因此速度比直拳更快，这也是它的一大优势。

在使用刺拳时，上身转动的幅度以及蹬地的力量都不必太大，出拳时，不用完全伸直手臂，身体重心稍向前移动。

◎ 左摆拳

左摆拳主要用来攻击对手的头部和腹部。

要打出左摆拳，首先要将左拳向前方呈弧形路线移动，前臂和上臂大致呈 120°～150° 角。

出拳时，前臂与拳头都要稍稍向内转，放松肌肉。一旦击中对手，便要立即收紧肩膀、手臂以及手腕这几个部位的肌肉，击中后又要立即放松，恢复到防御的姿势。

在使用左摆拳攻打对手的腹部时，如果想要加大攻击力量，那么可以采取移动身体的方式来达到目的，比如使身体往右边稍微倾斜等。

左拳抡摆出击

◎ 右摆拳

右摆拳与左摆拳有很大的相似性，都是从侧面击打，对对手发起袭击，因为是从侧面发动进攻，身体移动的方向与出拳方向是相反的，这样就可以误导对手，不容易被对手识破你的攻击目标。

相对于左摆拳来说，右摆拳的动作幅度更大，拳更重，这就导致出拳的速度也相应的会更慢。因此，我们在拳击运动中一般很少会用到右摆拳，常用的场合主要有两种。

第一种场合，当对手疏于防范时，我们可以打出右摆拳，给对手以出其不意的攻击。

第二种场合，当遇到惯用左手出拳的对手时，那么使用右摆拳来攻击对手的身体上部便是很好的选择。不过，在出拳时，需要注意紧缩身体，在攻击完对手后要将身体向左前方运动，这样便可以有效地避免对手反过来攻击你的头部。

◎ 上钩拳

无论是打直拳还是摆拳，与对手的距离都是比较远的，而钩拳则主要用在与对手近距离的对抗当中。如果能将钩拳和直拳或者摆拳组合起来使用，则攻击力更强。

在使用上钩拳时，既可以用长拳，也可以用短拳。所谓长拳，就是在出拳时尽量伸直手臂，此时你的前臂与上臂的夹角要大于直角；所谓短拳，就是在出拳时将手臂弯曲，及前臂与上臂的夹角是小于直角的。

上钩拳主要用于攻击对手的身体上部，尤其是当对手的双拳高举时，此时正是出上钩拳的绝佳时机。

◎ 平钩拳

平钩拳分为左平钩拳和右平钩拳，两种拳法的出拳方式和用力方式基本一致。

要想打出左（右）平钩拳，首先要将左手（右手）的手肘弯曲大致呈 80°角，并提肘至与肩膀持平，然后从腰部开始发力，使身体往右（左）转，注意转动幅度不超过 90°角，直至拳头可以打到对手的身体右（左）侧。

在使用平钩拳时，手臂的肌肉要从开始出拳时的放松到击中目标时的紧张，再到最后放松并收回。

◎ 振拳与速击拳

振拳与速击拳都适用于与对手近距离的搏斗中。

使用振拳时，双臂要紧贴在身体附近，上臂与前臂的夹角也要控制在 90°以内，需要借助腰部的力量迅速出击，贴近对手进行近距离的搏斗。

速击拳，顾名思义，在出拳时需要快速而突然，目标直指对手的要害部位，注重以快取胜。

不可不知的拳击防守技术

练习拳击，除了需要熟知基本的拳法，还需要了解基本的防守技术，比如阻挡防守、格挡防守以及闪躲防守等。

◎ 阻挡防守

阻挡防守，也就是用肩部、手臂、手肘或手掌等部位来阻挡对手的攻击，这种防守方法在远距离、中距离及近距离的对抗中均适用。

在具体的拳击实战练习中，可以灵活使用阻挡法进行防守。

用手阻挡直拳攻击下颌

当对手用直拳攻打你的下颌时，可以用右手抵在下颌处，以阻挡对手的进攻。

手臂阻挡直拳攻击腹部

当对手用直拳攻打你的腹部时，可以用弯曲的左臂或右臂来阻挡对手的进攻。

手臂阻挡平钩拳、摆拳攻击脸部

当对手用平钩拳或者摆拳攻打你的脸部时，可以迅速弯曲左臂或右臂，以阻挡对手的进攻。

左肩阻挡右直拳攻击脸部

当对手用右直拳攻打你的脸部时，你可以稍向右转，使身体重心往后移，同时迅速耸起左肩，阻挡进攻。

阻挡防守法

◎ 格挡防守

格挡防守法用于在对手来拳时进行还击、格架或者拍击对手的拳头，使其改变原来的方向，从而使自己免受攻击。

在具体的拳击实战练习中，可以灵活使用格挡法进行防守。

右手拍击左直拳

当对手用左直拳攻打你的脸部时，可以快速打出右拳，将对手的来拳往左下方向拍击。

前臂格挡直拳

当对手用左直拳或者右直拳攻击你的腹部时，可以用右前臂或左前臂格挡直拳。

前臂格挡摆拳

当对手用左摆拳或者右摆拳攻击你的脸部时，可以立刻用右前臂或者左前臂来格挡摆拳。

格挡防守法

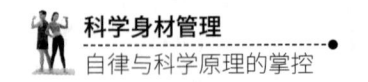

◎ 闪躲防守

闪躲防守只在对手攻击你的头部时使用，也就是在面对对手的进攻时，通过身体的闪躲使你的头部偏离对手的攻击路线，使用这种防守法进行防守时，双手可以空出来对对手进行反击，因此这是一种十分有效的防守方法。

要使用闪躲防守法，需要你迅速而准确地判断对手的来拳时间，在对手没有准备的情况下快速闪躲身体，使其打空，并趁着对手身体失去平衡时快速给予攻击。

在具体的拳击实战练习中，可以灵活使用闪躲法进行防守。

向左（右）闪躲

当对手以左（右）直拳攻打你的脸部时，可以迅速将上身往右（左）侧闪躲，这时对手的左（右）直拳就会从你的左（右）肩上滑过。

向后闪躲

当对手用直拳或者摆拳对你发起进攻时，可以将身体后仰，待避开攻击后，可以迅速使上身前倾，对对手进行还击。

闪躲防守法

> **温馨提示**
>
> 防守有度，重心要稳
>
> 在使用格挡防守与闪躲防守的方法进行防守时，动作幅度都不要太大。
>
> 使用格挡防守时，格挡和拍击的动作都必须短促而有力，在格挡对手的拳头时，可以重点拍击对手的手腕部位。
>
> 使用闪躲防守时，动作要敏捷，闪躲幅度不要过大，以免身体失去平衡。

踢的艺术：跆拳道

认识跆拳道

跆拳道是一种以脚为主，以拳为辅来与对手进行格斗或者对抗的体育运动。

跆拳道不仅有极高的观赏性，而且练习跆拳道时需要我们活动全身的肌肉和关节，因此具有强身健体、健美塑身的作用。

◎ 跆拳道的特点

以刚制刚，方法简练，这是跆拳道的首要突出特点。

在跆拳道练习中，交手的双方都是直接用简练的方法来攻击或防御对手，通过连续而快速的脚法和拳法与对手进行格斗，而很少使用躲闪的技巧来应战。

以腿为主，以手为辅，这是跆拳道的另一大特点。

在跆拳道中，使用腿的技法有很多种，无论是远还是近，左还是右，都可以使用腿法进行攻击，而且腿的长度比较长，力量也比较大，因此使用腿法的效果十分明显。

除了腿，手也是跆拳道中使用较多的身体部位。手可以使出拳法、掌法、肘法和肩法等多种样式。

与腿相比，手的灵活度更高，无论是在进攻还是防御中都能迅速使出动作。

◎ 学练跆拳道的益处

强身健体，健美塑身

作为一项手脚并用、动作灵活的体育运动项目，跆拳道无疑具有强身健体、健美塑身的作用。

在练习跆拳道时，你需要将全身的关节和肌肉都调动起来，以有利于提高关节的灵活性和肌肉的伸展、收缩能力。

跆拳道是一种力量型的运动，在练习的过程中对你的速度和耐力也有很高的要求。因此，练习跆拳道实际上对你的力量、速度以及耐力等身体素质都会有明显的改善作用。

跆拳道是一种腿部与手部的运动，同时需要腰部、胯部、臀部等部位的配合，因此对健美塑身有很好的效果。

增强品格，修身养性

跆拳道的宗旨是"礼"，"以礼始，以礼终"，因此练习跆拳道不仅可以使你的身体充满力量，还能使你形成礼让谦逊、宽厚待人的性格。另外，练习跆拳道需要耐力与毅力，还可以培养你坚韧不拔、顽强拼搏的精神。

跆拳道注重礼仪，可强身健体，也有助于优化个人意志品质

跆拳道有很高的观赏性

跆拳道的动作潇洒帅气，无论是腿法还是拳法都种类丰富、灵活多变，令人叹为观止，观赏性极高。

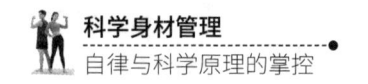

跆拳道的基本技法

> **畅|所|欲|言**
>
> 在很多人眼中，练跆拳道是一件很酷的事情。跆拳道的动作虽然看似轻盈又潇洒，但其散发的力量魅力也同样令人难以忽视。
>
> 你接触过跆拳道这项运动吗？你知道练习跆拳道有哪些基本的技法吗？

众所周知，在跆拳道这项运动中，最大的特色便是丰富多变的腿法，因此它也被称为"踢的艺术"。

当然，除了腿法之外，跆拳道的基本技法还有步法和拳法等，这些都是你需要掌握的。

◎ 腿法

跆拳道既然是"踢的艺术"，其基本技法当然首推腿法。跆拳道的腿法种类多样，分为前踢、后踢、侧踢、横踢等多种。

前踢

准备前踢时，首先要做好防守姿势。防守姿势分为左势和右势两种，站立时左腿在前，右腿在后称为左势，反之则称为右势。

前踢时，自然站立后将左脚伸出来，将身体重心放在左脚，右脚在后面蹬地，并顺势抬起，迅速向前踢出小腿，将力量从腿部直接传达到脚尖处。

在使用前踢的腿法时，最重要的是要在抬脚时夹紧膝关节。前踢时将小腿往前送，高踢时将小腿往上送，主要攻击目标是对手的腹部、脸部及裆部等部位。

前踢的腿法不仅可用于攻击，还可用于防御。

后踢

后踢的腿法不仅可以单独用于反击，还可以与其他攻击动作相配合来进行，如果发挥得好，则可以给对手以较大的打击。

要做出后踢动作，首先要呈防守姿势站好，左脚在前，重心在左腿，右脚蹬地，将身体后转，两腿分开至与肩同宽，右腿迅速向后沿直线后踢。此时的力量在左脚脚跟，以保持倾斜的上身平衡。

在后踢的动作完成之后，身体后转，右腿在前，左腿在后，防守姿势变为右势。

侧踢

在跆拳道运动中，人们往往会以侧踢来结束战斗，这是因为侧踢的攻击力是非常大的，有很强的杀伤力，而且在侧踢时，身体以侧面对着对手，不容易给对手留下反击的机会。

侧踢前，仍然是以防守的姿势站好，左腿在前，右腿在后，然后右腿呈直角弯曲抬起至左腿前方，脚尖向后，以小腿对准攻击目标。做好这些后，身体往前倾，从腰部和胯部发力，力量集中至右脚后跟，往前踢。做完踢腿动作后，右腿迅速收回至左腿前方，要注意此时小腿虽然放下，但仍然要对着对手，再慢慢恢复到初始的防守状态。

横踢

呈防守姿势站好，左腿在前，重心在左脚，右脚蹬地，然后小腿弯曲往前抬，对准对手。重心转移到右腿小腿，将小腿快速往左前方横踢，击中对手后立即恢复防守状态。

跆拳道腿法展示

◎ 步法

在跆拳道对抗中，你需要不断调整自己与对手的距离，以使得在战斗中始终处于便于攻击或者防御对手的位置。

前进步

前进步，也就是在战斗时快速向前接近对手时使用的步法。

前进步分为前滑步、前跃步、上步三种。

使用前滑步时，首先呈防御姿势站好，左腿在前，右腿在后，右脚蹬地，使身体重心集中在左脚，左脚往前滑动一步。紧接着，右脚快速离开地面，往前移动相同的距离，并恢复到防御姿势。

如果是你自己使用前滑步，那么在迅速接近对手之后，可以使用横踢或者侧踢的腿法来攻击对手；而如果是对手使用前滑步，此时你应该快速使用后踢腿法来进行防御。

前跃步需要两脚同时进行，即在防御的姿势下，两脚同时蹬地着力往前跃一步，在跃步的动作完成之后，又迅速还原到之前的防守姿势。

需要注意的是，在进行前跃步动作时，双脚跃起的高度不宜过高，以免失去重心，给对手以可乘之机。

上步，也就是在做好防御姿势之后，左脚脚尖往外转，然后右脚快速蹬地向前走一步。

后退步

后退步分为后滑步、后跃步和后撤步。

使用后滑步时，在做好防御姿势后，要用左脚蹬地，使右脚向后滑一步，待右脚站稳后又将左脚往后移动一步。

后跃步与前跃步除方向相反之外，其他动作完全一致，这里仍然需要注意在跃步时双脚不能离地面过高。

使用后撤步时，需要先扭转腰部和臀部，然后左脚往后撤一步，此时上身跟随下身自然移动。

侧移步

侧移步分为左侧移步和右侧移步。

左侧移步时，身体呈左势站立，左脚向左侧快速移动一步，注意动作要快，身体要放松。然后右脚也跟随左脚向左移动一步。

右侧移步与左侧移步除了方向相反之外，其他动作都一致，先将右脚往右侧移步，再使左脚跟着右移。

垫步

垫步分为前垫步和后垫步。

要使用前垫步，在左势的状态下，左脚首先向前移动一步，在左脚落地之前右脚也迅速往前小幅度移动，这样，在左脚落地时，右脚也几乎同时落地，此时垫步动作完成，需要迅速恢复成防御姿势。

后垫步的动作与前垫步相同，只是方向相反，在左势的状态下，先向后移动右脚，再将左脚与右脚靠拢。

后垫步可以用于与对手拉开距离，然后使用后踢、横踢等腿法向对手发起攻击。

冲刺步

冲刺步简单利落，在左势状态下，右脚迅速置于左脚的左边，然后将左脚往前移动一步，动作完成后恢复至最初的防御姿势。

◎ 拳法

拳法同样是跆拳道运动中的基本技术动作。要想打出完美的拳法,需要你在出拳的速度和力度以及灵活度、准确度等各方面都有良好的表现。

跆拳道中的拳法种类很多,不过,根据出拳的位置的不同,各种拳法其实都有着不同的作用。

跆拳道拳法展示

正拳

正拳的特点很明显，握拳时，手心朝下，手背与手腕呈直线。正拳的拳型非常简单，即使你从来都没有接触过跆拳道，也能很快将其辨认出来。

具体来说，在打出正拳时，需要将除了大拇指以外的四个手指紧紧按压在手心，然后再将大拇指压在食指的第二个关节处。

在结合身体其他动作进行正拳出拳攻击时，首先要站立呈防守姿势，这里同样可以分为左势和右势。

在左势的情况下，首先要在站立时伸出左脚，双手按照正拳拳型握好，其中左拳放在身体前端，高度大概与肩膀持平，右拳放在下巴下侧附近，用于保护下颚部位。

防守姿势准备好之后就可以开始出拳攻击了，左手要快速出拳，同时左脚蹬地，这两个动作必须一气呵成，不能有半点犹豫，以免给对手留下防御的机会。

右势的动作与左势基本相同，唯一不同的是，在右势的情况下，伸出的脚是右脚，出拳时蹬地的也是右脚。

不过，需要注意的是，无论是左势还是右势的情况，在出拳攻击动作完成后，都要以最快的速度将身体恢复至最初的防守姿势，以防御对手的下一步进攻。

钩拳

在打出钩拳时，你需要将除了大拇指以外的四个手指紧紧按压在手心，然后再将大拇指压在食指与中指之上。

使用钩拳进行出拳攻击的动作与正拳大致相同，也分为左势与右势。在左势的情况下，先出右钩拳，接着右脚蹬地并旋转。出拳时要注意，右拳要先向下，然后再往上钩拳，主要攻击对手的腹部或者下颌部位。

摆拳

在跆拳道中，如果想从侧面攻击对手，那么最有效的拳法就是摆拳。

从出拳速度来说，摆拳比正拳更慢，但是由于摆拳在出拳时身体移动的方向正好与出拳的方向相反，这样就可以在一定程度上分散对手的注意力，使对手防御的速度变慢。

在使用摆拳出拳时，防守姿势依然是左势和右势两种。在左势的情况下，左拳从身体左边往前呈弧线移动，出拳时注意稳住重心，从腿部、腰部和胯部三个部位同时发力。需要注意的是，在出拳的过程中，前臂要稍向内旋，手肘则要抬起至与肩膀同一高度的位置。

锤拳

锤拳的拳法与正拳、钩拳及摆拳有很大不同。握拳时，将除大拇指以外的四个手指的第二节关节弯曲并拢，手指紧紧贴在手掌上，大拇指紧压食指与中指。锤拳多用小指侧部位击打攻击部位。

锤拳的出拳方式为从上向下击打。

第五章

活力运动：有效降低体脂

拜拜肉、啤酒肚、水桶腰、小粗腿，这些身材的小缺陷有时候怎么藏也藏不住，让人心情郁闷。

无论是全身还是身体局部的肥胖，还是肥胖引发的一系列疾病常常让人为自身的身体健康而忧心忡忡。

这些令人烦扰的身材小缺陷和健康问题都是脂肪堆积"惹的祸"。如果你也有类似的烦恼，那就赶快将减脂这件事情提上日程吧！

游泳、跳舞、打球，让充满激情和活力的运动帮你减脂塑身，还你好身材、好身体和好心情。

运动之王：游泳

畅|所|欲|言

你有没有游过泳？在水中运动和在陆上运动有什么不一样的感受呢？如果你坚持游泳一段时间之后，你的身体可能会变得更健康，身材比例也会变得更协调。

当你游泳时，你疲惫的身体能够得到有效的放松，你焦虑和压抑的内心也能得到改善。

经常游泳，益处多多

游泳属于有氧运动，耗能较大，能够有效减脂。

游泳可以增大肺活量，增强心肺功能，让你的心脏更加健康，并且能够提升你的身体素质和免疫力，预防生病。

游泳时水压的作用可以帮你塑造更加匀称健美的身材，温和的水环境还能让你的皮肤变得更加光滑细腻。

游泳可以使你的身心放松，帮你缓解学习、工作和生活中的压力。

游泳的女子

温馨提示

游泳注意事项

游泳令人愉快，但在游泳时也要注意安全，避免受到伤害。因此，游泳之前应该要注意以下几点：

- 游泳最好结伴而行,以免发生危险。在天然的游泳场所,更加要与同伴结伴游泳,不可单独前往。
- 户外一些天然水域是禁止游泳的,游泳之前一定要了解清楚再去。
- 饥饿或身体疲劳时不可游泳,避免过度疲劳、低血糖等症状导致溺水。
- 初学者要在浅水区游泳,游泳过程中要量力而行。
- 患有感冒、心血管疾病、皮肤病以及传染病的病人不宜游泳。
- 女性月经期不建议游泳。

常见泳姿及动作

如果你想要游泳,首先得了解并练习一些基本的游泳姿势和动作。不同泳姿各具特色,下面依次来了解一下蛙泳、爬泳、仰泳、蝶泳这四种泳姿和具体的游泳动作。

◎ 古老的蛙泳

蛙泳是一种古老的泳姿,早在2 000~4 000年前就产生了。这种泳姿因与青蛙游水的动作相似,故此得名。

蛙泳时在水面的支撑面积较大,因此比较省力,可以进行长时间、远距离的游泳,长期坚持,减脂瘦身效果显著。此外,蛙泳也是适宜初学者学练游泳的运动项目。

蛙泳

腿部动作

蛙泳时，腿部的动作可以简单拆分成几个连贯的分解动作：收腿—翻脚—蹬夹—滑行。

收腿：大腿带动小腿慢速收，两腿慢慢分开，放松。收腿至大腿基本垂直水面，小腿紧贴大腿为止，脚底、脚跟朝上。

翻脚：翻脚是蹬水的准备动作。完成收腿后两膝内收，小腿向外张开，两脚尽力外翻，脚尖朝向两侧。

蹬夹：翻脚结束后，大腿和腰腹发力，下肢关节逐次伸展，两腿蹬直后双膝并拢完成蹬夹。

滑行：蹬腿结束后，身体呈流线型向前滑行，然后进入下一周期的腿部动作。

收腿 → 翻脚 → 蹬夹 → 滑行

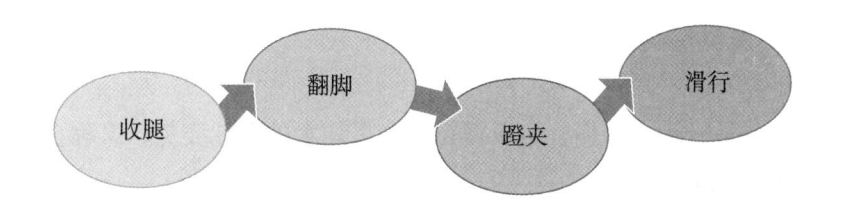

蛙泳腿部动作

手臂动作

蛙泳时，你的手臂需要做连续的划水动作，而一次完整的划水动作过程可分为外划—下划—内划—前伸四个具体动作。

外划：掌心转向外部，缓慢朝外、后方划至手臂与肩基本水平。

下划：大臂稍外扩，屈肘，前臂和手快速向后下方划。

内划：大臂内收，手掌掌心朝内，小臂快速由外向内划动，之后转换为横向向内划动。

前伸：手肘以弧形线逐渐前移，双手贴水面划动，同时掌心转向下并迅速低头，伸直四肢呈流线型。

蛙泳手臂外划、下划、内划动作示意图

◎ 快速灵活的爬泳

爬泳就是俯卧在水面，由双臂轮流向后划水的游泳姿势，又称自由泳。因为爬泳时身体呈流线型俯卧在水面，所以这种游泳姿势行进速度最快，动作简单且省力。

爬泳

腿部动作

爬泳腿部动作主要用以平衡身体，保持身体的流线型，做好腿部打水动作非常重要。

腿部做打水动作时，双腿伸直，稍微分开。向下打水时，以大腿带动小腿打水，快速有力；向上提腿时，动作要缓慢，腿部肌肉放松。

手臂动作

爬泳时,手臂划一次水的动作过程包括入水—抱水—划水—出水—空中移臂这几个连贯的动作。

入水:手肘弯曲高于手,手缓缓插入水中,随后前臂、大臂依次入水。

抱水:抱水紧接入水,从侧面看,就好像手臂抱着一只球一样。

划水:手臂从前面划水到后面,划至接近水面。

出水:借着划水的推动力,屈肘,手臂迅速提出水面,这时你的手臂和手腕要注意放松。

空中移臂:手臂出水后在空中向前移动的动作。移动过程中你要保持肘高手低、屈肘的姿势。手臂移动到前方后,接着又是入水的动作。

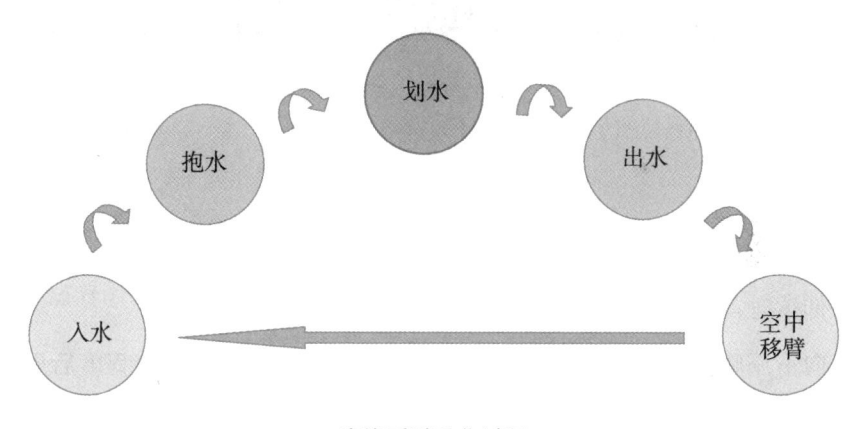

爬泳手臂动作过程

◎ 放松惬意的仰泳

与爬泳相反,仰泳即仰卧在水面上游泳的姿势。这种游泳姿势可以使脸部一直露在外面,解决了换气和呼吸的问题,同时动作比较简单、省力,深受体质较弱者的欢迎。

仰泳

腿部动作

仰泳时，你的腿部主要负责打水，即两腿交替上下踢水。

向下压腿打水时，臀部发力，腿部肌肉放松，下压到一定程度后屈膝，小腿和脚继续向下。

屈腿上提打水时，先上提大腿，当大腿和膝关节露出水面时，伸直膝关节，快速上提小腿和脚。

手臂动作

仰泳的入水—抱水—划水—出水—空中移臂动作具体如下：

入水：向前伸直手臂，手心朝外，小拇指先入水。

抱水：手臂借着移臂的力量向深处和侧方划水，此时屈肘、上臂内旋，先完成抱水。

划水：从屈臂抱水开始，以肩膀为中心，一直划到大腿外侧。

出水：出水时手臂向下压水，肩膀先露出水面，然后大臂、小臂、手依次迅速出水。

空中移臂：先迅速将手臂上移到与水面垂直的位置，此时手掌内旋、掌心向外；手臂充分伸直后再向前、向下移臂，准备再次入水。

◎ 优美的蝶泳

蝶泳在蛙泳的基础上演变而来，由于前臂的一系列动作连起来像蝴蝶，因此被称为"蝶泳"。蝶泳速度相对较快，但耗能很大，不适宜进行长时间和远距离的游泳。

蝶泳

腿部动作

蝶泳时,你的腿部需要上下交替打水,打水的动作有向上打水动作和向下打水动作。

向上打水时,你的腿需要在水下伸直,脚处在最低点,臀部贴近水面,上身在水外。接着两腿并拢上升,至腿部与腰臀部基本水平时,屈膝,臀部、大腿依次下压,小腿上踢,脚尖接近水面。

向下打水时,脚尖接触水面后,上提臀部,小腿向下踢水,脚尖至最低点,双腿伸直完成动作。接着进入下一轮的打水动作。

手臂动作

蝶泳时,你的双臂要同时连续划水,每做一次完整的划水动作,就要连续依次完成入水—划水—出水—空中移臂的动作。

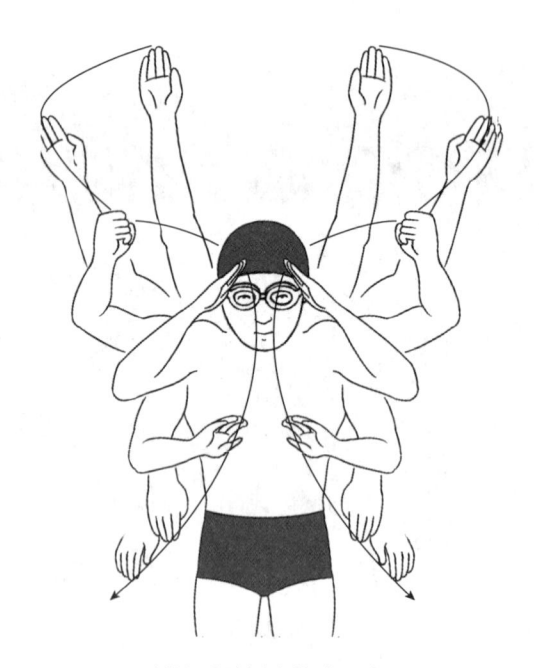

蝶泳手臂划水轨迹示意图

入水：入水时肘部微屈，掌心朝外，拇指先入水，接着是手、前臂、后臂依次入水，入水时两臂间距与肩同宽。

划水：蝶泳的划水动作相对复杂，两臂需要呈"S"形线条划水。

出水：双臂划水至大腿外侧，掌心朝向大腿，肘关节首先提出水面，随后将整个手臂向上外侧提出。

空中移臂：出水后两臂微屈，向前、向外摆臂的过程中伸直手臂，摆臂过程中保持大拇指朝下，掌心朝后。

游泳动作分解练习

如果你初学游泳，下水游泳时一些基本的动作还不能做到位，此时就可以尝试先进行一些游泳动作分解练习。

通过一系列的陆地模仿练习、水中固定支撑练习和水中无支撑练习，不仅可以增加你的身体中的热量和脂肪消耗，并让你更加从容地参与游泳。以下介绍几种常见游泳基础分解动作。

◎ 陆上模仿练习

各泳姿手臂动作单独练习：站立，前屈上身，做各泳姿手臂具体动作。

各泳姿手臂和腿部动作单独练习：仰卧在垫子上，做腿部打水具体动作；手臂动作练习时站立后仰上身，做手臂具体动作。

各泳姿组合动作练习：俯卧在垫子上，然后手臂划动的同时收腿和翻脚，手臂伸直的同时蹬腿。手臂与腿合作完成划水练习。在动作练习中，如果能配合呼吸，则练习效果更佳。

◎ 水中练习

水中手臂练习：在齐胸的水中站定，做手臂的基本动作。

打水练习：手扶池边或者固定扶手、栏杆，或手臂撑着浮板或泡沫棒不动，做腿部打水动作。

组合动作练习：最开始可多次蹬腿、打水后做一次划臂动作，熟悉之后可做一次蹬腿或打水、一次划臂，再配合一次呼吸。

水中固定支撑的打水练习

第五章
活力运动：有效降低体脂

水中不固定支撑的游泳练习

魅力四射：体育舞蹈

畅|所|欲|言

你知道什么是体育舞蹈吗？你想不想跟随优美动听的舞曲，踏着优雅动人的舞步，与你的舞伴一起，尽情地旋转舞动呢？

参与体育舞蹈，你不仅能收获更多友谊，还能获得轻盈、优美的身材，拥有健康、柔韧、协调的身体。

认识体育舞蹈

体育舞蹈由交谊舞演变而来的一种有氧运动，具有抒情性、观赏性和强身健体、减脂塑型的双重特性与功能。

体育舞蹈可分为摩登舞和拉丁舞两个舞系，共10个舞种。

```
摩登舞系列
  ├─ 华尔兹
  ├─ 维也纳华尔兹
  ├─ 探戈
  ├─ 狐步舞
  └─ 快步舞

拉丁舞系列
  ├─ 伦巴
  ├─ 恰恰
  ├─ 桑巴
  ├─ 牛仔舞
  └─ 斗牛舞
```

体育舞蹈的分类

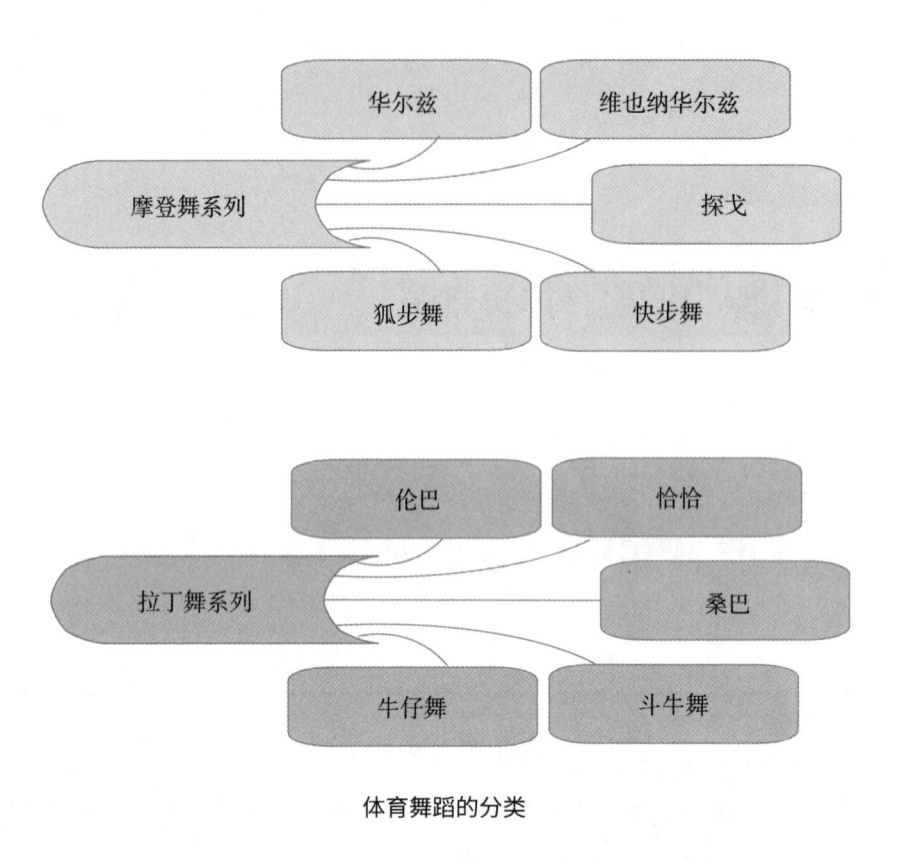

体育舞蹈是一项优雅又不失活力的运动，长期锻炼，可以帮你有效减低体脂、增强身体素质，同时也能有效缓解和调节你压抑的情绪，并且提高你的社交能力。

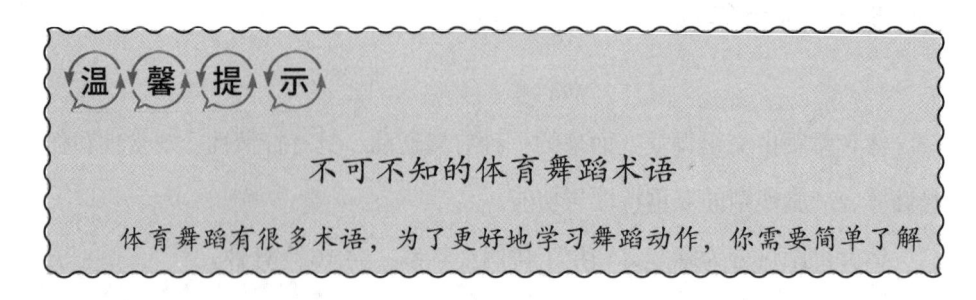

温馨提示

不可不知的体育舞蹈术语

体育舞蹈有很多术语，为了更好地学习舞蹈动作，你需要简单了解一下这些术语。以下列举一些常见的体育舞蹈的术语。

"舞程向"：指舞蹈的行进方向，为逆时针方向。

"舞程线"：沿着舞程向舞蹈的线路。

"步位"：双脚舞蹈时的位置。

"方位"：指舞步结束后脚所对的方向与场地、房间所形成的关系。

充满魅力的舞姿和舞步

如果你能做出标准的舞姿、跳出娴熟的舞步，那么你的身姿才会显得灵动轻盈，你的动作也才能优雅连贯。下面来领会那些充满魅力的舞姿和舞步吧！

◎ 各式各样的舞姿

在跳体育舞蹈时，你首先需要与你的舞伴摆出一个标准的姿势，然后才能跟着音乐踏出舞步和做出动作。不同的舞蹈类型需要不同的舞姿，下面简要介绍几类常见舞姿。

闭式位舞姿

闭式位舞姿也叫作"合对位舞姿"，即要求你与舞伴握手、抱合、面对面站立。这种姿势在摩登舞和拉丁舞中都会使用。

舞伴彼此相距大约半步。男士左手握女士右手，右手指尖朝下轻轻托住女士左肩胛；女士左臂轻轻放在男士右臂上，手搭在肩上。

科学身材管理
自律与科学原理的掌控

闭式位舞姿

外侧位舞姿

外侧位舞姿是摩登舞种常见的舞姿。舞伴面对面错开站立，男士将右手搭轻轻搭在女士左肩，女士的左手轻轻搭在男士的右肩，男女士的另一只手相握，男士向女士外侧前进一步（多为右外侧）。

外侧位舞姿

扇形位舞姿

扇形舞姿在拉丁舞中比较常见,这种舞姿潇洒优雅、魅力无穷。

摆扇形舞姿时,舞伴保持一臂距离。男士左脚、女士右脚前伸一小步,脚跟不着地。双方身体微侧,女士腹部朝向男士,重心后倾。男士左手牵女士右手,双方另一只手臂向外伸展开,体位呈现出柔和的扇面弧形。

扇形位舞姿

影子位舞姿

影子位舞姿是指男女士面向同一方向相叠站立，女士一般在前，舞蹈时男女舞伴要做到形影相随。手臂姿势根据不同舞姿有不同方式。

◎ 轻盈典雅的华尔兹舞步

华尔兹舞是摩登舞系列中具有代表性的一种舞蹈，流畅的旋转和转动是华尔兹舞步的主要特点。其基本舞步如下：

第五章
活力运动：有效降低体脂

影子位舞姿

前进步

前进步，顾名思义，就是向前进行的舞步。在走前进步时要遵循"男进女退"的原则。

并换步

并换步多用于华尔兹舞蹈，在与舞伴起步或者中途换脚的时候会使用这种舞步。并换步分为右并换步和左并换步，男士前进右脚则为右并换步，前进左脚则为左并换步。

前进步（女步／男步）

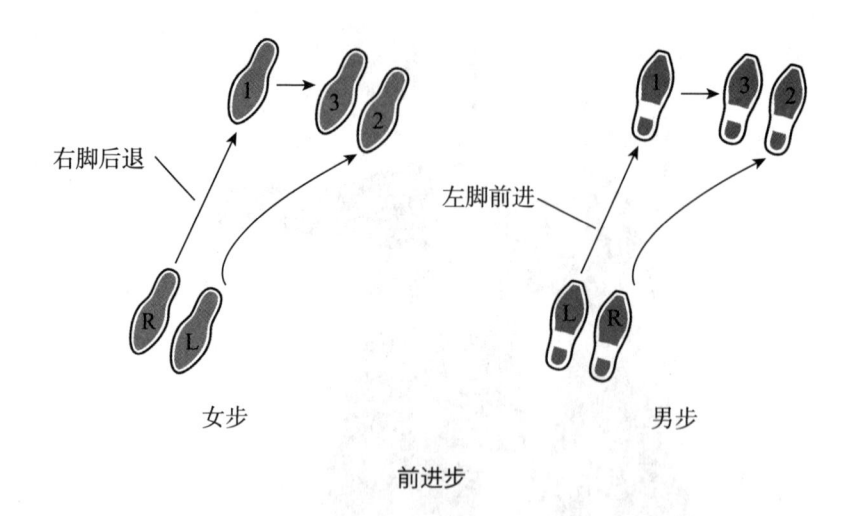

以下舞步展示以右并换步为例，左并换步动作与之相反。

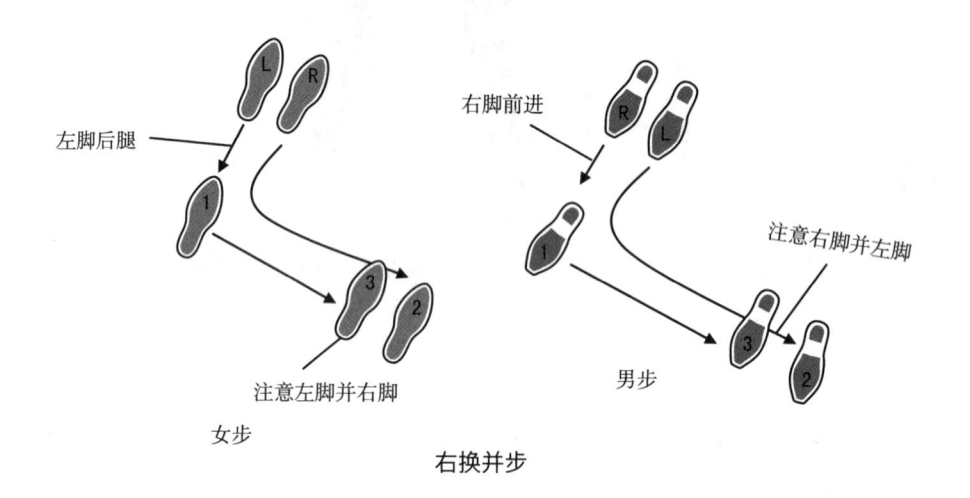

右换并步（女步／男步）

左转步与右转步

左转步与右转步是华尔兹舞蹈中非常精彩的舞步，可以起到变换方向的作用，舞蹈时会呈现出流畅的转动效果。右转步与左转步动作相同，转动方向、出脚相反。

第五章
活力运动：有效降低体脂

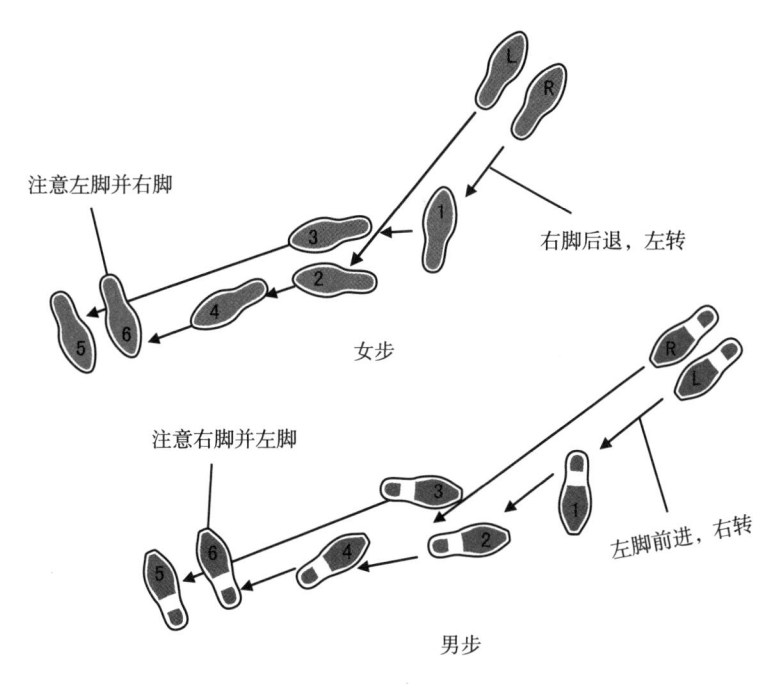

注意左脚并右脚
右脚后退，左转
女步

注意右脚并左脚
左脚前进，右转
男步

左转步

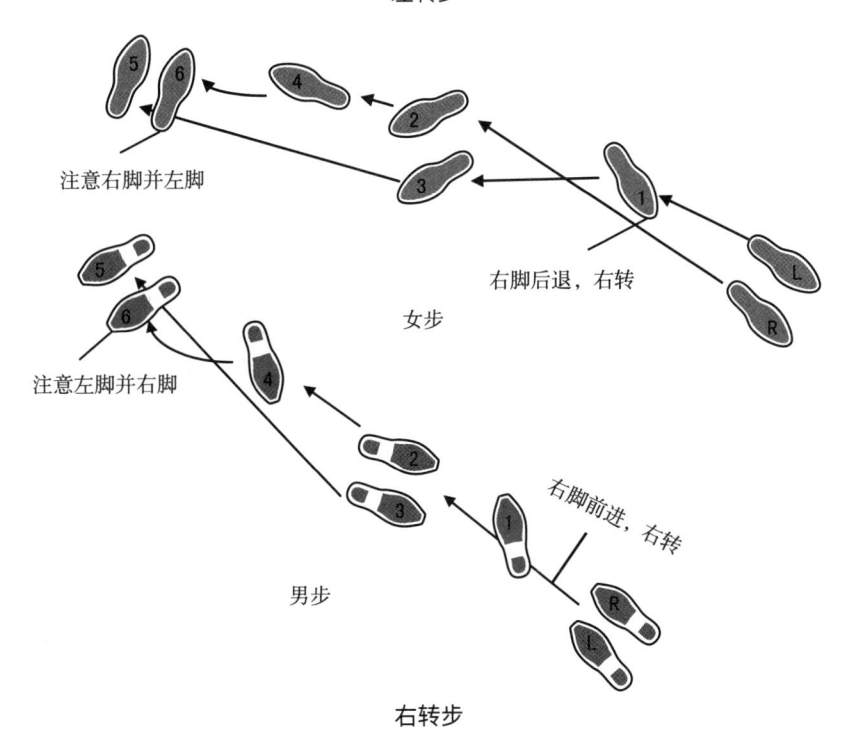

注意右脚并左脚
右脚后退，右转
女步

注意左脚并右脚
右脚前进，右转
男步

右转步

149

◎ 热情奔放的桑巴舞步

桑巴舞为巴西的民族舞蹈，其舞蹈动作热情奔放，有很多弹跳的舞步。舞蹈过程中，你需要不停地走步、移动，因而具有非常好的燃脂塑身的运动效果。以下为你介绍一些桑巴舞的基本舞步。

左进基本步

在跳左进基本舞步的时候，先站出闭式位舞姿，男士先出左脚而女士后退右脚，用脚掌踮步后退或前进，此舞步步法如下图所示。

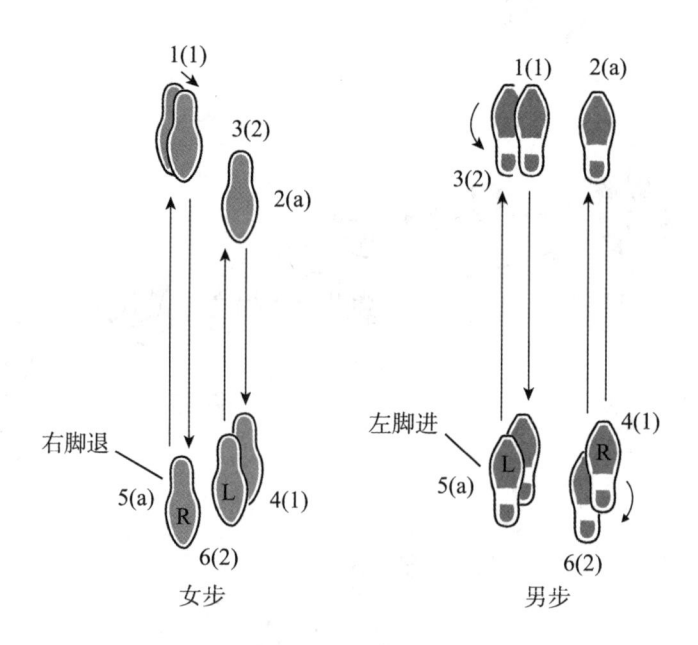

左进基本步

第五章 活力运动：有效降低体脂

右进基本步

右进基本步与左进基本步的方法基本相似，只是男士先进右脚，女士退左脚而成为"右进基本步"。

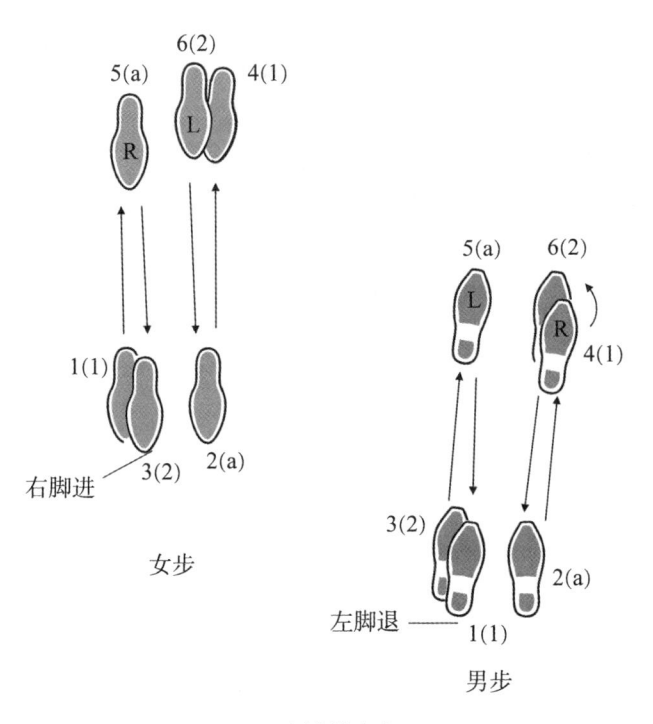

女步

男步

右进基本步

叉形步

叉形步是指两脚交叉行进的舞步，舞蹈时一脚叉在另一脚的后面。

旁步

跳旁步时男女士并肩站立，男士左脚前进，女士则右脚前进；男士左脚

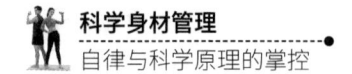

横步，右转 1/4 周，女士则右脚横步，左转 1/4 周；男士右脚向后退一小步，女士左脚向后退一小步。

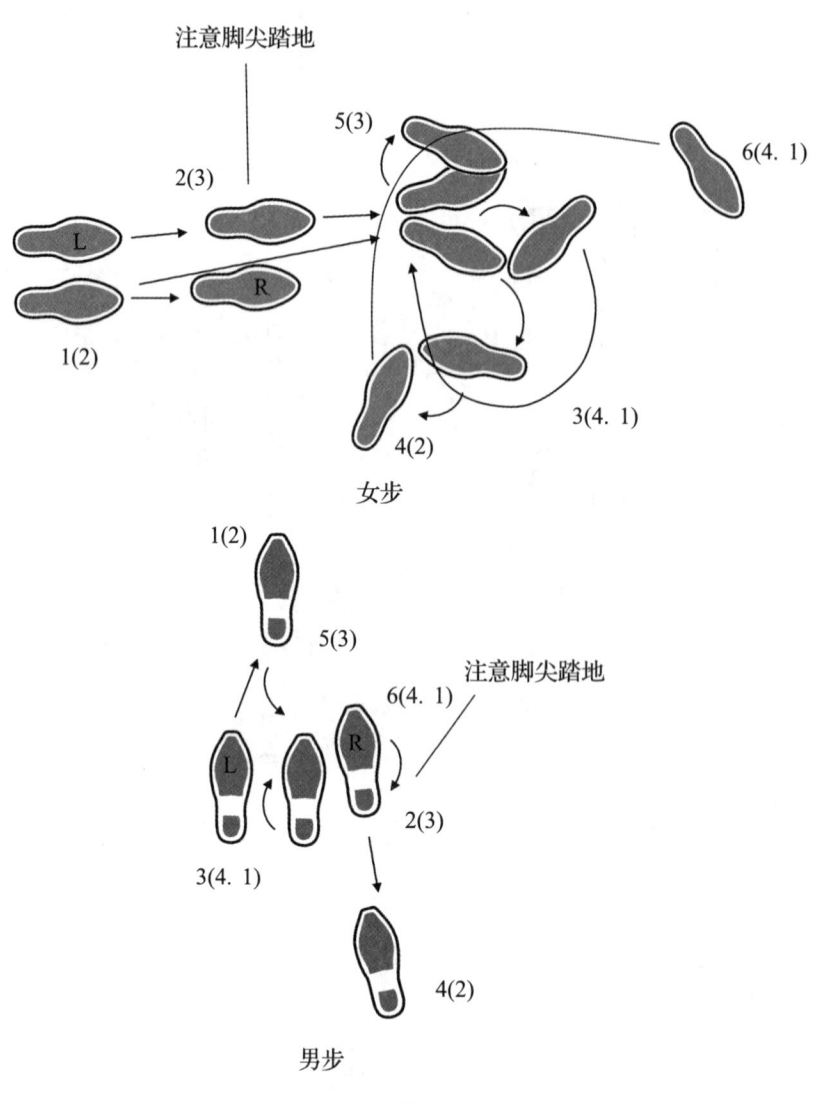

女步

男步

叉形步

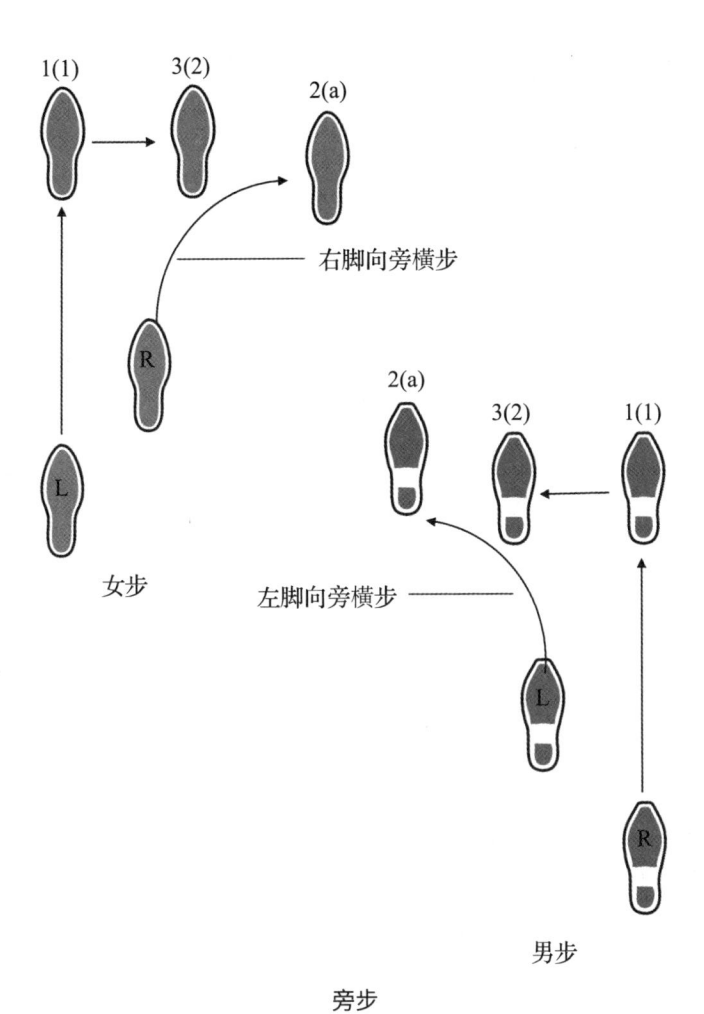

第五章 活力运动：有效降低体脂

女步: 1(1) L → 3(2) → 2(a) 右脚向旁横步, R

男步: 2(a) ← 3(2) ← 1(1), 左脚向旁横步 L, R

旁步

153

速度与激情：球类运动

酣畅淋漓的篮球运动

篮球运动充满活力，是很多男生所热爱的运动。当他们约上一群朋友在篮球场上尽情运动时，所有的烦恼也就烟消云散了。

但是，你不要以为打篮球是男生的"专属运动"，女生打篮球的时候也同样潇洒、帅气。

接下来一起见识下篮球运动基本动作的风采。

◎ 移动

在篮球场上，你需要不断地跑动，所以一些基本的移动技术要掌握。移动的动作主要有急停、转身、滑步等。

急停主要用于摆脱对方的防守。急停分为跨步急停和跳步急停两种方式。

转身是篮球运动中为了摆脱对方防守的动作，主要是指一脚固定，另一脚向随意方向转动的动作。

滑步是防守时需要掌握的基本的移动技术。滑步时一脚跨步，一脚蹬地，向需要的方向（侧、前、后）滑步。

◎ 运球

运球动作是篮球运动中基本、重要，而且比较帅气的动作，常见的有原地运球、体前变向运球、胯下运球等。

原地运球时，双脚前后或左右开立，屈膝，前倾上身，重心落在前脚掌，运球时手指、手腕、前臂发力，手心空出。

体前变向运球

体前变向运球时，一般先用右手运球于右前方，随后在体前迅速改变运球方向，将球运到左边，右脚屈膝蹬地，左脚屈膝上前。

胯下运球时，要保持移动的平稳，并将球从胯下运出，以摆脱对方抢球。

胯下运球

◎ 传球

传球就是将手中的球以最合适的方式传给同伴的技术动作。常见传球动作有以下几种：

双手胸前传球：两手抱球在胸前，屈膝并前倾上身，传球时一脚脚尖跷起，助力传球动作。

双手头上传球：双脚前后分开，屈膝站立，双手将球举到头顶，身体后倾，接着后脚蹬脚、身体前倾抛出球。

单手体侧传球：双脚前后分开，屈膝站立，双手抱球于体侧。传球时一手托球至头后，绕肩抛出。

单手体侧传球

◎ 接传球

篮球运动中，接传球时要注意隐蔽动作意图不被对手发现，并做到姿势准确、动作稳准、迅速。

双手胸前接球：两手自然张开，身体前倾，接球后两臂后引缓冲。

双手头顶接球：基本动作与双手胸前接球相同，双臂向前上举起接球。

双手低位接球：屈膝，降低重心，一脚向来球方向迈出，伸臂接球。

◎ 投篮

投篮是篮球运动中比较重要的一个动作。投篮的方式有很多种，常见的有原地双手投篮、进行间单手高手投篮和进行间单手低手投篮等。

原地双手投篮：双手抱球于胸前，屈膝、蹬地跳起，双手发力将球抛出。

进行间单手高手投篮：跑动中，起跳，单手高托球，将球投入篮中。

进行间低手投篮：跑到合适的位置后，屈膝，单手托起球，起跳投篮。

双手低位接球

原地双手投篮

热情洋溢的足球运动

足球，让很多人为之着迷，小区空地、学校操场、健身公园的绿茵场上，总会见到朝气蓬勃、活力四射的足球运动爱好者。

踢一场足球能够消耗大量能量，长期进行踢足球运动则能够有效降低体脂，让你更加健康强壮。

◎ 颠球

颠球是指用身体的某些或某个部位连续将足球在空中颠起的动作。一般用脚背正面颠球，也可用脚内侧、外侧以及大腿、肩、胸、头等部位颠球。

脚背正面颠球

◎ 踢球

踢球是一个连贯的动作过程，这个过程可分为助跑、支撑脚站位、踢球脚触球、踢球等动作。

如果你想要在球场上发挥出较好的踢球水平，那么平时也需要单独去练习踢球的动作。

定点踢球：反复瞄准一个固定的点踢球。

踢地滚球：与同伴配合，在跑动中相互追逐、传球。

踢凌空：跳起在空中踢球，这需要你有良好的弹跳力和腿部爆发力。

凌空踢球

◎ 运球

运球是指球员在跑动的过程中将球控制在自己跑动的范围内，连续拨球、推球的动作。

运球过程中你与球的距离以及拨动转向时的速度等都要适合，做到这一点要熟悉运球动作技术。下面为你介绍几种练习运球的方法。

- 在跑动的过程中用单脚或双脚交替运球练习。
- 在跑动中快速直线运球练习。
- 在场地中设置旗标，做绕旗标运球的练习。

活力无限的羽毛球运动

工作、学习之余，很多人喜欢找一处宽敞的户外环境打羽毛球，这样既能锻炼身体，又能增进亲友关系，可谓两全其美。

羽毛球运动过程中，你需要不断地跳跃挥拍、跑动追球，因此会消耗很多能量，有助于减脂塑身。此外，长期参加羽毛球运动还能有效预防和缓解颈椎疼痛。

熟悉和学练以下羽毛球技术动作，和朋友相约去打羽毛球吧。

◎ 握拍

打羽毛球之前，你首先得学会用正确的姿势握拍。

正手握拍时，先用左手抓住球拍杆，使其垂直地面。接着，右手虎口对准拍柄较窄面，小拇指一侧的手掌靠着拍柄底托，食指与拇指分开放在拍柄宽面，小指、无名指、中指并拢自然握柄。

反手握拍时，在正手握拍的基础上向外旋转球拍，使拇指伸直贴拍柄宽面，其余四指自然并拢。

◎ 发球

发球时一般讲究对角线发球，发球动作有正手发球和反手发球。一般网前球、平快球等用正反手发球都可以，而高远球一般需要正手发球。

正手发球时，右手持拍，左手将球举到身前，左手放开球后，右手找准时机向左前方击球。

正手发球

反手发球时，右手持拍，右臂抬高与肩平，球拍拍前面朝左下方，左手持球放在拍面前，左手放开球后，右手迅速击球。

反手发球

◎ 接发球

接发球就是接对方发来的球。回球时可将球击打到对方场地的任何方向，进而反控制对方，造成后发制人的效果。

接发球时应该注意一脚在前，重心落在前脚；一脚在后，后脚脚后跟微

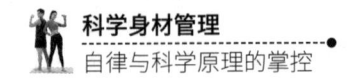

微抬起；侧身对网，含胸，持拍在身前，目视前方。

接发球准备动作

◎ 击球

在羽毛球运动中，后场、中场、前场中都有很多不同的击球方法，其中，以击高远球和杀球最为常见。

击高远球

击高远球要求尽可能高和远地将球击到对方后场边线内。

正手击高远球时，调整位置，当球在你右肩前上方时，挥臂快速击球。

反手击高远球时，反手握拍，拍面朝上，当来球在你右肩前上方时，大臂带动小臂快速击球。

头顶击高远球时，高举球拍，用力起跳，在空中较高位置击球。

头顶击高远球

杀球

杀球就是用较大的力量和较快的速度向下扣杀对方击来的高球。

正手杀球时，当来球在你右肩前上方时，用力朝下击球。

反手杀球时，反手握拍，拍面朝上，当来球在你右肩前上方时，用力朝下击球，击球的瞬间要注意加快手臂向下的速度。

头顶杀球准备动作

第六章

每个人都能拥有好身材

能管理好自己身材的人，大多也能很好地规划和控制自己的人生。

很多人都明白身体健康是做一切事情的前提。科学管理身材，拥有良好的身心状态、体姿体态，会让你的生活更加顺遂美好，学习和工作也更轻松。

运动收获健康，在强身健体的基础上，还可让身体更加健美、身材线条更加优美。接下来跟随我们一起来了解下如何科学、有效地塑造马甲线、人鱼线，让你的身材更加匀称。

练出马甲线

畅|所|欲|言

你知道什么是马甲线吗？你知道怎样才能拥有马甲线吗？

当下运动健身观念已经深入人心，越来越多的人重视健康、关注健美。拥有马甲线能让明星圈粉，对于大多数普通人而言，练出马甲线也能强健体魄、锻炼意志、提升个人魅力。

虽然马甲线不好练，但做任何事都贵在坚持，只有你敢于尝试并用科学的方法坚持下去，就一定会有收获。

带你认识马甲线

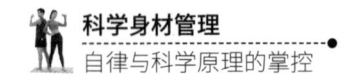

◎ 什么是马甲线

当人的皮下脂肪减少以后，腹肌的轮廓就会显露出来，此时就能看出腹部有明显的线条，从肚脐两侧能清晰地看出两条直立的肌肉线，这就是"马甲线"。

因为马甲线与腹肌组合在一起看起来很像我们平时穿的马甲，所以被称作"马甲线"。

拥有马甲线的健身女性

人们经常说"马甲线是平坦腹部的最高境界"。当前，就有很多人为了追求这个"最高境界"而拼命苦练。

要想拥有马甲线，必须掌握科学的健身方法，要坚持不懈地训练腹部肌肉。

◎ **不同体型的人要花费不一样的时间才能练出马甲线**

很多人有了练马甲线的想法之后，还会迫切地想要知道，需要锻炼多长时间才能练出像样的马甲线。

其实，每个人的身体基础与状态不同，练出马甲线所需的时间也不同，因此具体的时间界限难以确定，即便是特别有带教经验的健身教练，也只能为你提供一个大致的参考时间。

体型正常：
有针对性训练
（三个月左右）

体型肥胖：
减脂+针对性的
腹部训练
（时间不确定）

体型偏瘦：
训练腹部线条
（时间不确定）

（在不考虑其他条件时）练出马甲线所需要的时间

通常，体型正常者如果进行有针对性的训练，只需三个月就能拥有马甲线（下文主要针对这类体型的训练做介绍）。

体型肥胖者就要先进行减脂，再进行有针对性的训练，才能逐渐练就马甲线；体型偏瘦者则需花费一定时间专门练就腹部的线条。

◎ 练出马甲线并不意味着只练腹部即可

一些想减肥的女生经常会说，我想瘦大腿、瘦肚子。其实，身体上没有哪个部位是能单独变瘦的，更没有哪些运动能专门瘦大腿、瘦肚子而其他身体部位没有丝毫变化（只不过是集中锻炼的部位运动效果更明显些）。也就是说，运动会让你的每个部位都变瘦。

"一瘦全身瘦"

要练出马甲线，就需要制订一套系统的训练计划，并将控制饮食包含在内。如果只做腹部的运动，而不配合一些其他肌肉训练及有氧运动（下文将会省略这两项运动），那么将很难获得完美的马甲线。

> **温馨提示**
>
> ### 如何做有氧运动才能练出马甲线？
>
> 练出马甲线要配合有氧运动，可以选择的项目有慢跑、骑车、拳击等。
>
> 需要特别提醒你的是，在做有氧运动时要掌控好时间，因为前10分钟左右为热身运动，30分钟以后才会消耗体内的脂肪，而运动60分钟以上肌肉才会得到锻炼。
>
> 此外，在做有氧运动的过程中要注意尽量收紧小腹，这样才有助于你锻炼到腹部肌肉。

穿上"马甲"的秘籍——卷腹训练

训练马甲线其实也就是锻炼腹部的肌肉，如腹直肌、腹外斜肌等。腹部肌肉有了线条，自然就有了马甲线。

下面为你介绍几个专门用于增强腹部肌肉的卷腹训练。这些训练的动作简单，无需借特别的器械，在家也能完成。

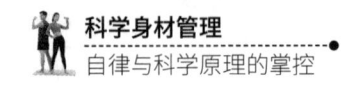

◎ 徒手仰卧卷腹

徒手仰卧卷腹，也就是在进行仰卧卷腹练习时不需要借助任何健身器械，其动作简单，是一个很经典的腹部训练动作。

在学练动作之前，要说明的一点是，仰卧卷腹与仰卧起坐不同。仰卧起坐时，上身需要坐起，而卷腹只需要上身稍微提起，主要目的是训练腹部肌肉。

做徒手仰卧卷腹时，先仰卧在垫上，两腿屈膝且两脚底齐落于地板上，两手放于两耳和后脑勺附近（或交叉在胸前，且不发力）。

慢慢抬起脊柱，一点点远离地面，尽量保持脊柱蜷缩，保持几秒钟后，迅速恢复最初姿势。

建议分组练习，一天做三组，每组做 20 次。注意身体向上抬起时吐气，身体向下落回时吸气。

徒手仰卧卷腹

◎ 椅子仰卧卷腹

在做仰卧卷腹动作时，如果能从一把稳固的椅子上借力，将会使动作更加规范。

仰卧姿势，身体平躺于垫上，将两脚抬起并将两脚跟稳稳地搭在椅子上

（两膝呈 90° 角），头部、后背及臀部紧贴于地板。两手放于耳侧，一边慢慢吐气，一边提起上半身。当上半身抬至肘部能触到两膝时，停留几秒钟，恢复最初姿势。

一组做 15 次，共做两组。身体向上抬起时吐气，身体向下落回时吸气。

椅子仰卧卷腹

◎ **触膝仰卧卷腹**

触膝仰卧卷腹动作与仰卧卷腹动作基本相同，只是在身体落回地板时要尽量慢。

仰卧姿势，身体平躺于垫上，屈膝，两脚底齐落于地板上，两手指尖指向膝盖方向。身体慢慢抬起，直至两手触摸到膝盖，停留几秒后，身体慢慢恢复最初姿势。

一组做 15 次，可多组练习。注意身体向上抬起时吐气，身体向下落回时吸气。

触膝仰卧卷腹

◎ 肘部触膝卷腹

掌握了触膝仰卧卷腹动作后,就很容易理解肘部触膝卷腹了。肘部触膝卷腹的动作的难度要大于手部触膝卷腹的动作。

仰卧姿势,身体平躺于垫上,两腿屈膝抬起,呈 90° 角,小腿与地板平行。两手轻轻放于耳侧(无须发力),背部蜷缩,将脊柱一点点抬起,直到肘部触碰到膝盖,停留几秒后,身体迅速恢复最初姿势。

肘部触膝卷腹的变化姿势

一组做 15 次，共做两组。注意身体向上抬起时吐气，身体向下落回时吸气。

如有难度，可变换姿势降低动作难度。

◎ 反向仰卧卷腹

这项训练对于增强腹直肌下部非常有效。

身体仰卧在垫上，两手落于身体两侧，紧紧贴于地面，两腿自然弯曲。两腿抬起，且保持膝关节与股关节之间有一定角度。

反向仰卧卷腹

腰部慢慢抬起，两手护腰，两脚尖抬至身体后方，直到腹直肌有收缩感为止，停留几秒。身体慢慢恢复最初姿势。

一组做 20 次，共做三组。

◎ 仰卧侧卷腹

这个动作对于增强腹外斜肌很有效果。在完成动作的过程中，要用侧腹发力。

身体仰卧在地板上，身体微微向一侧旋转，一条腿屈膝向下落于地板上，另一条腿朝向正前方保持不动，两手同放在朝向正上方的大腿上，之后顺着大腿用力向上直到触碰到膝盖。身体和双手顺着大腿往下回到最初姿势。换另一侧，做相同动作。反复多次练习。

练出人鱼线

何谓人鱼线

◎ 什么是人鱼线

近年来,越来越多的男性开始追求锻炼出人鱼线,因为这样能看起来更性感、帅气。

人鱼线分布在男性腹部的下半部分,具体在腹部两侧接近骨盆上方。两条线组成一个"V"形,有点像鱼的下腹部收缩时候的形状,因而得名"人鱼线"。

> **温馨提示**
>
> ### 马甲线和人鱼线是有区别的
>
> 虽然马甲线和人鱼线都属于腹部肌肉线条形成的完美曲线,都是衡量男女身材的重要标准,但二者之间还存在较大区别。
>
> - 通常,马甲线多指女性腹肌形态,女性的马甲线则对应男性的腹肌;人鱼线多指男性的腹肌形态。
> - 马甲线指肚脐两侧的肌肉线,而人鱼线指腹部两侧接近骨盆的两条线。
> - 马甲线是腹肌与直肌的分割线,是没有分块的腹直肌的轮廓,而人鱼线是腹股沟的延长线,是腹外斜肌的视觉效果。

同样,男性要拥有人鱼线也不是一件容易的事儿。要练成人鱼线,你除了要控制饮食、配合有氧运动与大肌肉训练,还要进行科学的腹部肌肉训练。

◎ 先减脂再练人鱼线

如果你的体型较肥胖,那么在练人鱼线之前,你得先减脂。因为脂肪最容易堆积在肚子上,如果不把这些厚厚的脂肪燃烧掉,那么你的人鱼线也就很难显露出来。

人鱼线训练方法

每个年轻男士应该都想要拥有人鱼线。一部分人坚持健身，一心想练出人鱼线；而还有一部分人则始终把它当作一个梦想，因为他们觉得人鱼线很难练出来。

没错，人鱼线确实不容易练成，而且你试过后会更觉得人鱼线不是说练就能练成的，要掌握科学规范的训练方法。

接下来介绍几种塑造人鱼线的动作及方法。

◎ 仰卧起坐

虽然仰卧起坐的动作很简单，但它是一种锻炼人鱼线的有效方法。

仰卧起坐

先让身体平躺于地板，保持放松。双手半握放于两耳侧，双腿屈膝。随后，腹部发力，起上半身，使头部几乎能碰到膝盖后恢复最初动作。

如果你的体力不错，可以尝试连续做 50 个，多练习几组。

◎ 左右交叉触踝

因为人鱼线在侧腹肌的位置，所以可以着重锻炼腹部两侧的肌肉，而左右交叉触踝就是一种很有效的方法。

平躺在地板上，两腿屈膝，保持放松。将两手臂伸直且朝向脚踝，但不要碰到脚踝（保持一个手掌的距离）。

先用左手掌触碰左脚踝，再换成右手掌触碰右脚踝。左右各进行 30 次，可每天集中练习 3～4 组。

◎ 俄罗斯转体

俄罗斯转体对于锻炼人鱼线也有很大的帮助。首先，坐在地板上，两腿抬起且屈膝，双脚离地，背部上半部分微微弓起，下半部分挺直。

双手胸前屈肘，身体向左右扭动，尽量加大幅度。动作坚持 1 分钟以上。转身时呼气，身体转正时吸气。

第六章
每个人都能拥有好身材

仰卧起坐器上做俄罗斯转体

局部塑身

畅|所|欲|言

如果你是一个追求完美的人,那么除了要有明显的腹部肌肉线条外,你一定还想拥有丰满的胸型、又细又长的双腿、又翘又挺的臀部、健壮的手臂等。那么,你想不想掌握一些能有效塑造这些部位的好方法呢?

教你塑造完美胸型

不管你是男性还是女性,拥有紧实坚挺的胸肌都会使你穿衣服更有型,看起来更加美丽、帅气、性感。

对于胸部肌肉的锻炼其实可以主要针对胸大肌来进行。这里为你推荐几种在家就能进行的,让你随时随地都可以锻炼胸部肌肉的动作。

◎ 扩胸运动

扩胸运动对强化胸部肌肉有很好的作用，长期坚持可以使你的胸部更加坚挺。

双脚开立，身体挺直，两手自然下垂。

两手臂抬起置于胸前，两手握拳，且前臂与地面平行。两臂向背后振动两次。

接着，两臂侧平举，双臂与肩持平，向背后振动两次。反复多次练习。

◎ 俯卧撑

让你的身体呈俯卧姿势，两手分开撑地，距离是肩宽的1.5倍，且将指尖笔直朝向前方。

让你的胸部、腰部、膝盖、腿部在一条直线上，将两肘部向外侧折叠弯曲，直到可以使胸部碰到地板即可，但不可将其弯成"<"形。此时，臀部尽量向上抬起。

在保持动作标准的前提下，尽可能多次练习该动作。

俯卧撑

◎ 膝盖触地俯卧撑

就像卷腹动作一样，俯卧撑也可以通过变化幅度或位置，锻炼胸部的不同部位。如果感觉正常的俯卧撑做起来比较吃力，可以试试膝盖触地俯卧撑。

首先，让你的膝盖弯曲一下。其次，让身体呈俯卧，将两手分开至肩宽的 1.5 倍，且将指尖笔直朝向前方。最后，让你的胸部、膝盖在一条直线上，肘部向外侧折叠弯曲至胸部可以直接碰到地面。

一组做 20 次，共做三组。

膝盖触地俯卧撑

◎ 窄幅 / 宽幅俯卧撑

窄幅俯卧撑特别适用于强化肱三头肌。窄幅，顾名思义，就是让两只手之间的距离小于做一般的俯卧撑时两手的距离，让你的胸部、膝盖在一条直线上，肘部要最大限度地向外侧折叠弯曲，直到胸部可以直接碰到地面。

宽幅俯卧撑时，两只手之间的距离大于做一般的俯卧撑时两手的距离，在此基础上做俯卧撑练习。

宽幅俯卧撑

温馨提示

俯卧撑是一种"万能动作"

一提到俯卧撑，你可能会以为它是一种训练手臂肌肉的动作，跟胸大肌应该没什么关系。

其实，俯卧撑是一种可以训练身体很多部分的"万能动作"，对锻炼胸部大肌肉、肩部三角肌、上臂等都有很好的效果。因此，通过俯卧撑来锻炼打造完美的胸型，是一种很好的选择。

教你练出结实、修长的腿部

畅|所|欲|言

腿部肌肉结实的人看起来更挺拔、有力量感，也会显得人更有气质，所以很多人都想拥有结实的腿部。

虽然先天的条件可能没法让你对自己的双腿那么满意，但是可以通过后天的锻炼使你的腿比之前看起来更有力量、更漂亮。那么，你知道怎样才能拥有结实、修长的腿部吗？

结实的双腿对一个人的身材、轮廓、曲线及气质都有很大影响，如果你平时能坚持做一些有针对性的腿部锻炼，你就有可能拥有比之前更美的双腿。

参与一些运动项目对塑造腿型、腿部力量等素质具有很好的帮助作用，例如，跑步、登山都是不错的运动项目。

跑步是锻炼小腿肌肉的很不错的方式。如果能坚持每天跑一个小时左右，你的小腿肌肉一定会变得更加强健。需要注意的是，跑步时尽量保持匀速，这样更有利于锻炼小腿肌肉。

登山时，离不开小腿用力，所以经常登山也是很好的锻炼小腿肌肉的方法。需要注意的是，登山最好选择有一定高度的山，每周进行一次即可。

接下来，再重点认识几个腿部锻炼动作。

◎ 深蹲

深蹲是锻炼股四头肌（大腿前部的大块肌肉）的有效方法。

两脚开立，将两脚打开且比肩稍宽，两脚尖稍向外撇，双手抱拳放于胸前。

缓慢地弯曲两膝，使两膝与脚尖朝向同一方向，两腿看起来像O型腿一样。

身体重心落于两腿，持续下蹲，直到大腿后侧与地板平行。

深蹲

◎ 利用哑铃锻炼小腿肌肉

站在一块稳固的有一定高度的板子上（或者台阶上），双脚开立且与肩同宽，将脚尖踩在板子上，脚的其他部位悬空。两手各拿一个哑铃，自然放在身体两侧。

脚尖用力蹬起，身体重心伴随脚尖向上移动，慢慢放下脚后跟，回到最初姿势。可进行多组练习。

教你打造紧致、上翘的臀部

畅|所|欲|言

好看的臀部不仅能优化身体线条，也能引起同性的羡慕。每个追求美的人都想拥有好看的臀线。那么，你知道如何快速拥有紧致上翘的臀部吗？

锻炼臀部肌肉的动作有很多，这里推荐几个比较常见的动作供你参考。

◎ 阻力带半蹲行走

将阻力带固定在两膝稍上一点的位置，双手握拳放于胸前，一条腿用力抬起，并向身体一侧移动，另一条腿迅速跟上。

换另一条腿重复此动作，保持半蹲姿势连续向前行走。结合自身情况可多练习几次。

◎ 俯身提臀

俯卧姿势，两膝跪地，两手分开与肩同宽撑住身体，收紧腹部，将一侧腿抬起且向后上方蹬腿，脚背勾直，臀部发力。反复多次练习。

俯身提臀

◎ 负重深蹲

负重深蹲是在深蹲的基础上进行负重练习，具体动作方法可参考前面介绍的深蹲动作，这里不再赘述。

需要提醒的一点是，起身时应借助臀肌的力量将负重抬起。

第六章
每个人都能拥有好身材

负重深蹲

产后塑身

畅|所|欲|言

自律的女性即便在产后也很关注自己的身材,会积极进行产后塑身。而智慧的女性更会主动学习怎样在不伤害自己身体和不影响喂养宝宝的前提下科学塑身。

那么,如果你也即将面临产后塑身的问题,你会怎么做?除了注意饮食上的合理搭配,还有什么有效办法可以让你迅速恢复苗条身材吗?

适合产妇的塑身运动

通常，产后女性最容易发胖的部位主要集中在腹部、腿部、臀部及手臂。如果产妇能及时地做一些运动，将会让身材尽早恢复到最佳状态。

由于产妇的身体刚刚经过一个巨大的变化，身体各个机能都还在恢复中，因此适合做一些强度不大的运动。

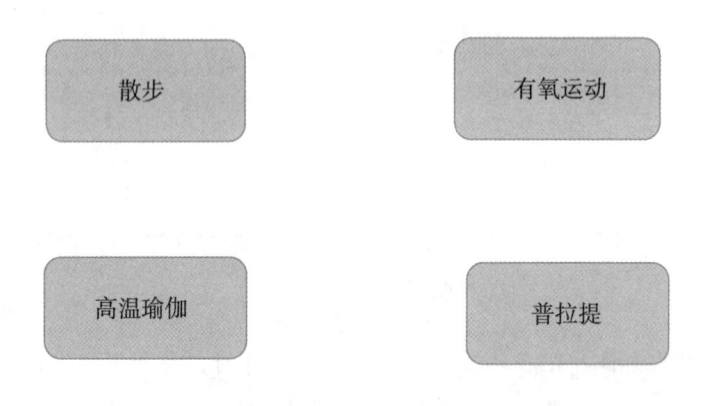

- 散步
- 有氧运动
- 高温瑜伽
- 普拉提

适合产妇的运动项目

散步是一种很适合尚未完全恢复身材的产妇的运动，而且简单、有效，每天散步一小时能消耗大约 500 大卡的能量。如果产妇觉得身体还比较虚弱，可以循序渐进地增加散步的时间，开始可以每次 10 分钟，之后慢慢增加至 30 分钟。

适合产妇的有氧运动有慢跑、快走、登山、有氧舞蹈等。产妇每天要持续 30 分钟以上的有氧运动，这样才能燃烧体内的脂肪，才能有很好的塑身效果。

高温瑜伽需要产妇在 38℃~42℃ 之间高温环境下完成 26 个瑜伽的基本动作，可以帮助产妇迅速排汗，利于其减肥、排毒、塑身。但运动后要注意及时补水。

普拉提是一种讲究控制、拉伸、呼吸的运动，可以很好地塑造产妇的腹部、腰部及臀部等重要部位。同时，坚持普拉提运动可以增强产妇身体的柔韧性和协调性。

产后适当的运动可以缓解身体不适、促进身体恢复，让产妇保持好心情。想要瘦身的产妇，可以在宝宝出生6～8周开始尝试瘦身运动。特别要注意的一点是，产妇的所有恢复、瘦身运动都应该在专业人士指导下进行。

改善产后腹部松弛的运动

腹部松弛是大多数产妇会面临的问题，要想有效地解决这一问题，参与运动必不可少。在伤口完全恢复、不影响正常哺乳的情况下，可尝试练习以下动作来改善产后腹部松弛的情况。

◎ 仰卧起坐

身体平躺，屈膝，两脚掌平放在垫子上，收紧腹部，双手抱住后脑并带动上半身慢慢抬起，直至臀部以上完全离开垫子，保持此动作5秒。深呼吸，还原。

◎ 平板支撑

俯卧姿势，两手屈肘撑地，身体绷直，腹部肌肉用力收紧，尽量坚持1分钟。结合自己的时间，可每天练习数次。

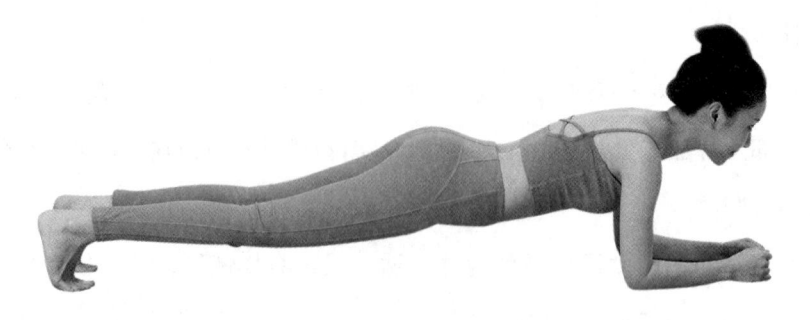

平板支撑

缓解产后腿部肿胀的运动

◎ 踢腿

直立，两手握拳放于胸前，右腿大腿、胯部向上抬起，大腿与小腿成90°角。脚尖绷直，小腿向前踢出，两腿反复多次练习。

◎ 空中踩水

平躺，屈膝，使膝盖弯曲成90°角，两手掌自然放在身体两侧，收紧腹部，双脚慢慢抬起，小腿在空中完成画圈踩水动作。左右腿反复交替练习。

◎ 双腿贴墙高抬

找到一面墙，身体仰卧在靠近墙面地面上，两腿抬高，两脚抵住墙面。该动作操作简单、强度小，所以不会给身体造成多少负担，只要时间允许，每天可以做数次。

第六章
每个人都能拥有好身材

空中踩水

双腿贴墙高抬

第七章

呵护身体，做好运动修复

坚持运动的人，总会有所收获。

运动中由于各种各样的原因，难免受伤。但是不必担心，只要掌握科学的运动方法，做好运动修复，你就能有效避免损伤并促进身体恢复。

科学运动可以让你拥有健康的身心、养成良好的习惯、保持健康健美身材，让你的生活充满色彩。

运动后的整理与放松

畅|所|欲|言

你知道为什么运动后要进行整理和放松吗？具体又该如何进行呢？

运动需要消耗大量的身心能量，运动后的整理与放松有助于身心从运动状态过渡到安静状态，能缓解身体不适，避免损伤的发生。

了解运动疲劳

运动疲劳，是指在运动过程中，人体的机能下降，无法维持既定运动水平的生理现象。

在运动过程中，当你明显地感觉到自己心有余而力不足，身体跟不上节奏，甚至会感到十分崩溃时，这就说明你可能产生了运动疲劳。

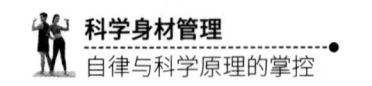

因为每个人的身体素质、运动能力及运动量不同，所以产生的疲劳程度也不同。疲劳通常有三个层次：轻度疲劳、中度疲劳、重度疲劳。

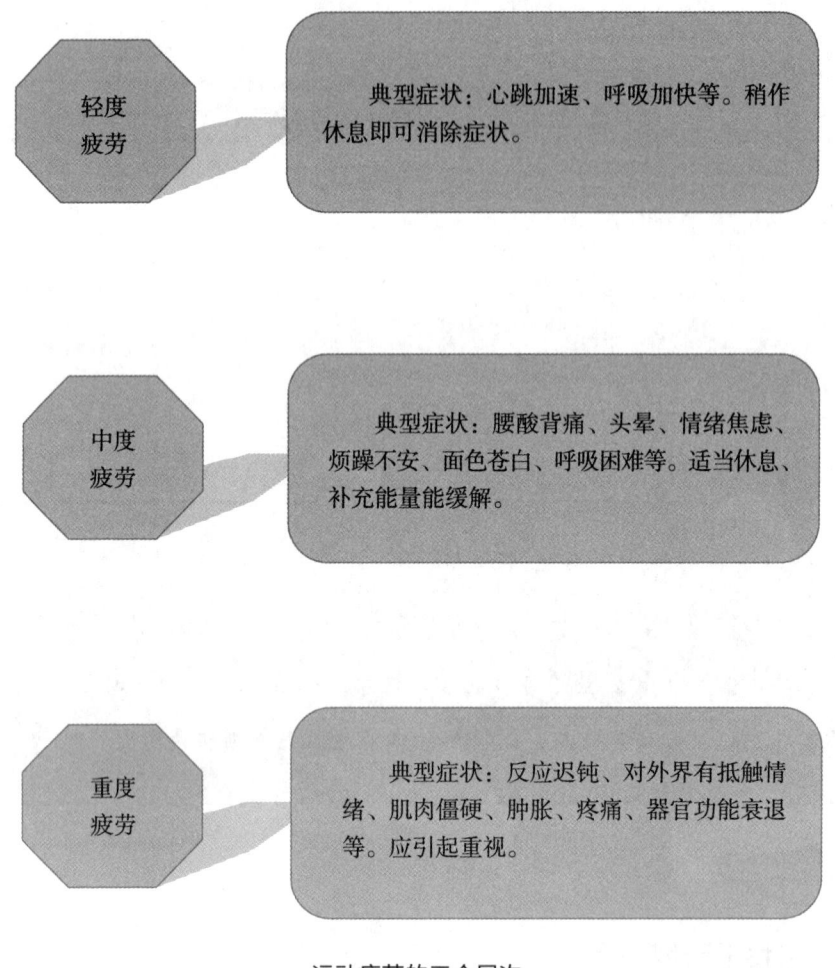

轻度疲劳
典型症状：心跳加速、呼吸加快等。稍作休息即可消除症状。

中度疲劳
典型症状：腰酸背痛、头晕、情绪焦虑、烦躁不安、面色苍白、呼吸困难等。适当休息、补充能量能缓解。

重度疲劳
典型症状：反应迟钝、对外界有抵触情绪、肌肉僵硬、肿胀、疼痛、器官功能衰退等。应引起重视。

运动疲劳的三个层次

运动后进行整理与放松的意义

人在运动后都会或多或少地有疲劳感，而缓解和消除这种疲劳的关键就是进行运动后的整理与放松。

◎ 缓解疲劳、预防损伤

运动后，人的身体会非常疲劳，进行适当的放松与整理活动可以让身体疲劳、肌肉酸痛等症状得到缓解，从而更好地完成其他运动任务，同时也有助于促进身体恢复。

此外，运动后的科学整理与放松还有助于预防身心过度疲劳而诱发的各种运动损伤。

◎ 保持肌体的机能

人在运动过程中身体的肌肉会紧绷起来，所以运动后的整理与放松很必要。适当的整理与放松可以保持肌肉良好的机能，使其在收缩过程中更具有爆发力，也使其在拉伸过程中更具有韧性。

◎ 改善神经功能

当肌肉得到了充分放松之后，人紧绷的神经也会得到放松，大脑皮质的负担减轻，大脑的灵活性明显提高，运动技术水平也会随之提高。一旦人的神经功能得到改善，人的动作速度及力度也都会大大提升。

◎ 加速血液循环

运动后，能量代谢产生大量废物堆积在体内，而适当的拉伸或慢跑，如

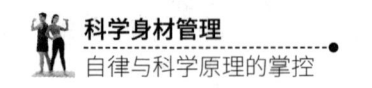

同启动了传送带的制动按钮，可以促进血液循环，为身体疲劳组织输送更多血氧、营养的同时，促进身体内的代谢废物排出。

整理运动——身心放松、恢复的简单做法

◎ 上肢放松运动

身体直立，两腿自然交叉且稍微弯腰，上肢自然地前倾且下垂，两臂、两肩反复抖动 1 分钟左右，直到两臂感到发热为止。

◎ 下肢放松运动

仰卧姿势，两腿向上举起，用两手拍打、按摩两腿，脚尖稍微用力抖动腿部，顺带着抖动臀部、腹部及腰部。

◎ 团身抱膝

身体下蹲，两手环抱膝盖。尽量低头，再抬起，持续此动作 20～30 次。

◎ 全身休整运动

首先，屈两膝，上身前倾且两手扶地。其次，深吸一口气，将气推至胸部，再沉于丹田。最后，重复几次后将上身慢慢抬起，直立。

放松下肢

拉伸——直接、有效消除运动疲劳

◎ 胸部肌肉的拉伸

身体站直且正对着比自己高的某一固定物体（例如一面墙），两脚开立与肩同宽。

左手伸直与肩同高，再将腕部弯曲成 90° 角，前臂与掌心贴在墙面上，身体直立且稍微前倾，手臂位置不变，胸部的中间部位稍有拉伸感。身体继续前倾，拉伸感增强但不疼痛，持续动作数秒。

◎ 肩部三角肌拉伸

左手屈肘，右手搭在左手的肘部，左手带动右手朝身体左侧用力牵拉，直到右侧的肩部肌肉有牵拉感，坚持数秒后放松，换另一侧重复此动作。

肩部拉伸

◎ 腰部肌肉的拉伸

针对腰部肌肉的拉伸，可进行体前屈、体侧屈、体后屈等各种屈体运动。注意动作幅度应量力而行。

◎ 腿部肌肉的拉伸

两腿一前一后弓步站立，前腿屈膝，后腿伸直，身体前倾，腿部有拉伸感，保持动作数秒后，还原放松，两腿换位置，重复上述动作。

腿部肌肉拉伸

温馨提示

运动后应该这样做

运动后不能立即休息（如坐着、躺着等），否则很可能给身体带来一些伤害。因为当你在进行一些较为剧烈的运动时，你的心跳会比正常状态下快得多，肌肉和毛细血管也会处于极度扩张的状态，血液流动速度非常快。如果此时突然停下来休息，先前肌肉的收缩会停止，原本流入肌肉的血液无法通过肌肉收缩流向心脏，很可能发生低血压，产生头晕眼花、心慌气短甚至休克等症状。

合理的休息

合理休息让运动更轻松

在一些强度较大、用时较长的运动中，人体的肌肉组织可能会被破坏和重组，此时，合理地休息就显得非常重要。组织重组之后会比之前更强壮，这就是为什么有时休息几天再运动时，感觉身体能力有所增强，速度不但没降低，反而有明显提高。

比如跑步这项运动，很多人会觉得坚持每天跑几千米一定会对自己有益处。实际上，没必要连续一周七天都跑步，一周坚持三五天跑步即可，剩下的两三天应该合理休息。

休息并不意味着完全停下来不再做任何运动，其实可以适当地做一些其他强度较低的运动。

怎样休息更合理

◎ 补充营养物质

经过一番运动,你的机体一定消耗了大量营养物质,所以及时补充一定的营养物质非常必要,它可以在一定程度上帮助你消除运动疲劳。

运动后,你应该注意为自己补充维生素 B_1、维生素 B_2、维生素 C 等营养物质。如果能及时补充这些物质,将会帮助你快速恢复神经兴奋与身体的机能。

一旦你的身体急需这些物质,它们就能迅速被释放出来,及时补给能量,让你体内的物质达到平衡状态,从而消除运动后的疲劳,很快恢复运动前的状态,有效提高运动的能力。即便你的体内此时不需要这些物质,它们也会以肝糖原、肌糖原的形式存储在体内。

需要提醒你的是,运动后不宜食用大量的甜食,否则可能会大量消耗体内的维生素 B_1,让人感觉很疲倦,不利于体力的恢复。

◎ 保障充足的睡眠

充足的睡眠可以帮你保持高水平的合成代谢能力,可以更好地储存能量。当你在运动时,机体的能量会持续地消耗,从而出现倦怠、疲惫感。因此,运动之后补充睡眠是很有必要的。睡眠时,你的大脑会处在抑制状态,这就会使你的身体系统得到充分休息。此时的大脑抑制状态对合成代谢也有重要意义,还可以帮助你修复之前损毁的细胞以及组织。

◎ 按摩

运动后的按摩对消除疲劳有很大帮助。按摩不但可以促进大脑皮层兴奋与抑制的转换,加快神经调节功能的恢复,而且可以促进血液循环,加强局部血液的供应,从而有效地消除疲劳。

按摩有全身按摩和局部按摩两种。

全身按摩

全身按摩可以在运动后的 2.5~3 小时进行。_____需要掌握一定技能的人来操作。

首先,你需要找一个干净的垫子或者地面,然后俯卧_____调整均匀,放松身心。

其次,由他人对你身体的各个部位进行按摩,如肩部、背部、腰部、腿、小腿等肌肉。

再次,身体仰卧在垫子上,放松身心,主要对大腿前群肌肉、韧带进行按摩。

最后,点按"合谷""足三里""肾俞"三个穴位,每个穴位持续 30~60 秒。

局部按摩

局部按摩一般可以在运动过程中或运动结束后进行,时间最好控制在 10~15 分钟。

局部按摩的顺序:首先做轻推摩,其次是擦摩,接着是揉捏,再次为按压,最后是叩打。

在按摩的过程中,还可以配合着局部的抖动和被动活动,具体手法要根据不同部位进行不同选择。运动后的按摩可以是互相按摩或者运动者的自我按摩。

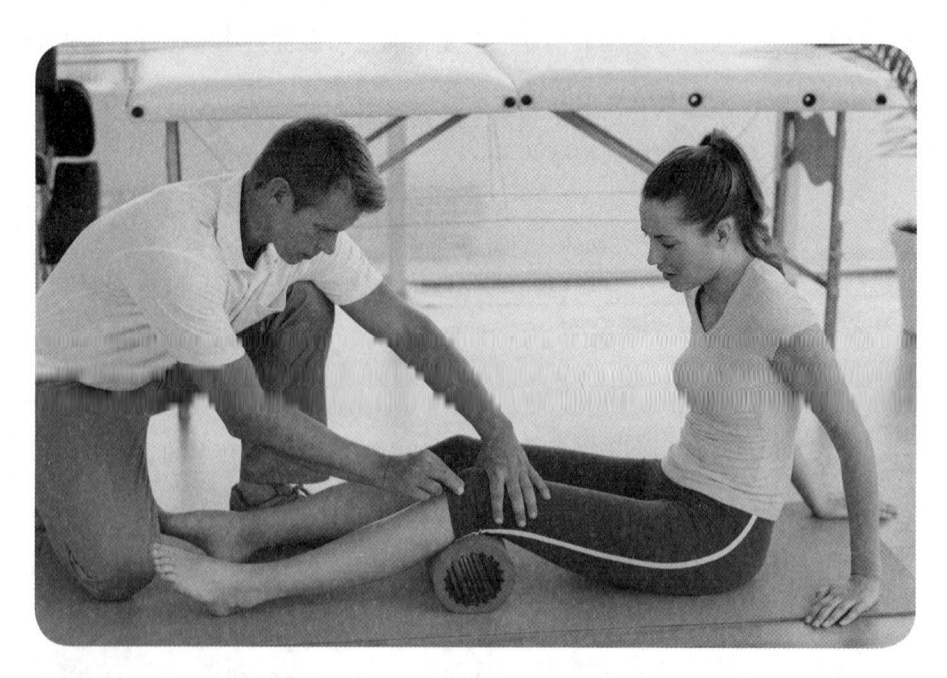

按摩

◎ 沐浴

沐浴是一种很好的消除运动疲劳的方式。温水浴（43℃，10～15分钟）可以加速血液循环，促进新陈代谢，利于排出体内乳酸以更好地运输营养物质。蒸汽浴和桑拿浴可以扩张皮肤及肌肉中的血管，使其更加通透，从而加速血液循环，促使代谢产物的排出，消除疲劳。

沐浴时间最好不超过20分钟，以免加重疲劳。另外，运动后不宜立刻沐浴，而要休息40分钟以上，待心率平稳、身体平静下来之后再进行。

之所以要在运动后休息一段时间再沐浴，是因为立即沐浴会给身体带来诸多不适。如果在剧烈运动后立即冲凉，突然的刺激会使血管立刻收缩，加大血液循环的阻力，从而给心脏带来很大的负担；如果在剧烈运动后立即洗热水澡，会继续增加血液流量，并使血液流入皮肤和肌肉中，从而引发心脑血管供血不足，诱发一些病症，如头晕眼花、虚脱休克、慢性病等。

温馨提示

运动后饮水的注意事项

运动过程中，你会排出大量的汗，所以很容易会感到口渴，但是千万不要在运动后立即饮用大量的水，这种做法是不对的。

运动后饮用大量的水或饮料，很容易加重肠胃负担，不利于对食物的消化；如果饮水的速度过快，也容易给心脏带来负担，引起体内电解质的紊乱，甚至可能发生心力衰竭、腹胀、胸闷等症状；如果饮用的水太凉，还容易引发感冒、腹痛等疾病。

科学应对伤病

畅|所|欲|言

健身时,突然发现同伴表情痛苦,下肢僵硬,动弹不得,当你前去问及情况时才发现他脚扭了。在运动过程中或者运动后,你有没有遇到过扭伤或其他伤病?当发生伤病时,你知道如何科学地判断和处理吗?

运动伤病不可怕,可怕的是不懂装懂

你想象中运动受伤的画面可能是这样:突然遭受不明物暴击,飞速、持久的狂奔,激烈的对抗等。实际上,"手一滑"的擦伤、"脚一崴"的扭伤、

"腿一蹬"的抽筋等也时有发生，运动伤病有时在所难免。

面对损伤，总会有人会说："没问题，我可以搞定，这点小伤没事，也没流血。"结果往往因为伤处处置不当而发生了感染，拖延了治疗的最佳时期。因此，本着对自己身体负责的态度，你应该科学对待运动损伤。

学会判断运动伤病的情况

只要我们发现得及时，处置得到位，大多数伤病是可以治愈的。这里就带你认识一下运动伤病的类型。

按损伤组织的结构分

关节损伤、肌肉与肌腱损伤、骨损伤、神经损伤、内脏损伤。

按伤势的轻重分

轻伤（还有运动能力）、中等伤（丧失运动能力24小时以上）、重伤（需要长期住院治疗）。

第七章
呵护身体，做好运动修复

按伤病的程度分

急性伤病（突然的直接或间接暴力产生的伤病）、慢性伤病（局部过度负荷、多次细微损伤）。

按伤口情况分

开放性伤病（擦伤、裂伤等）、闭合性伤病（拉伤、挫伤、震荡伤等）。

运动伤病的分类

找到伤病发生的原因

任何事都是有因果的，运动伤病的发生也是如此。只有找到伤病发生的原因，才能更好地预防、应对伤病。

◎ 内因

当身体处于疲劳状态，或者在患有疾病、伤病未愈的阶段，你的肌肉力量和协调性都比较弱，人的反应也不太灵敏，难以集中注意力，如果此时进行较为激烈的运动很容易造成严重的伤病。

肌肉收缩能力不足主要表现在身体僵硬、主动肌群与被动肌群收缩不协调以及身体大小肌群不匹配等方面，如果此时要完成一些较高难度的动作，就容易发生如肌肉撕裂这样的损伤。

慢性劳损就是身体某部位因为过度拉伸、长期负重，或者反复、连续遭受外力而产生的慢性损伤。这种损伤多发生在腰部、髌骨等部位，通常较难治愈。

如果心态不好，如容易激动、缺乏自信、没有耐性、太自负等，很容易因为注意力不集中而在运动时造成伤病。

当然，如果缺乏安全意识，对运动伤病没有一定的认知，也会因为一时大意而造成运动伤病。

◎ 外因

如果运动之前的热身不足，很容易在接下来激烈的运动中因为肌肉力量、弹性和伸展性不够而造成伤病。同样，快速、持续、大量的运动会超越身体局部的运动负荷，这样很容易造成疲劳、发生伤病。

如果运动项目选择不当、与自身能力不符，就很容易发生危险，带来伤病。

运动环境不良（如寒冷、高温、潮湿等）也会造成伤病。另外，如果运动场所的灯光过于刺眼，也可能造成身体的扭伤、拉伤等。

运动场地、器材得不到及时的养护，跑道不平整、运动器械年久失修等，都可能会引发运动伤病。

第七章 呵护身体，做好运动修复

内因
- 身体素质较差
- 肌肉的收缩能力较弱
- 慢性劳损
- 心态不好
- 对损伤的认知太少

外因
- 热身不够，运动过量
- 运动安排不合理
- 运动环境不适合
- 运动场地、器材不合格

发生运动伤病的原因

常见伤病的识别与治疗

◎ 擦伤、扭伤

运动中,身体重心不稳、动作不准确,或者受到外力撞击而不小心摔倒时,很容易发生擦伤、扭伤。

擦伤后,皮肤组织受损可伴有出血症状,要及时对伤口进行清理,清洗伤口处的异物(如泥沙、石子),并注意消毒。

扭伤后,要确认是否伤及韧带和骨骼,如果不放心或疼痛剧烈应及时去医院接受诊治。

脚踝扭伤

◎ 眼部损伤

在一些球类运动（如打篮球）中，时常会发生眼部损伤，例如被对方的手指戳中眼睛。识别这类伤病的方法是，看眼结膜是否有出血，眼睛看起来是否红红的或者有很多血丝。

在跑跳的过程中，人的眼睛也容易被一些异物刺伤，此时会明显地感觉到眼睛灼热、疼痛或不适。

在运动中发生眼部损伤时，如果是眼周肌肉轻微擦伤通常无须治疗，在两周内会自行消退。

如果眼睛里进入了异物，应该立即闭上受伤的眼睛，之后由专业医生进行检查治疗。

在这里，需要特别提醒你的是，如果你能确定眼部受伤是由化学物质导致，应该立即用大量的水清洗眼睛，大约洗 15～20 分钟。或者在医生的指导下用生理盐水对眼睛进行灌洗，然后在受伤的眼部贴上抗生素软膏贴，之后由医生做进一步的救治。

◎ 颈部扭伤

在运动过程中很容易因为外力导致颈部的扭伤或肌肉拉伤。当受到外力撞击或自己过度弯曲、扭转、伸展颈部，都可能会造成颈部疼痛，具体疼痛的部位是从颅底到肩部，此时可能就发生了扭伤。通常，如果是颈部扭伤，那么当你在活动脖子时除了会感到疼痛，还会有肌肉痉挛的感觉。

如果颈部扭伤或拉伤得不严重，几天后症状会自行消失。

如果你的颈部出现典型压痛、持续性疼痛，颈椎活动范围明显受限或出

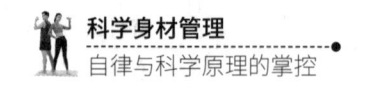

现一些神经性的症状，如从手臂及以下部位疼痛、麻木或刺痛，应该尽早就医，做一些检查和治疗。

◎ 肋骨骨折

肋骨骨折多发生在一些容易发生撞击的运动中，如足球等。当发生肋骨骨折时，你最直接的感受就是伤处的疼痛，特别是在深呼吸时会加重疼痛。触碰伤处时，你会感到疼。

此外，你可能会因为疼痛而不敢深呼吸。但是，当你在深呼吸时给肋骨骨折部位一些轻微的压迫又能缓解疼痛。受伤部位可能会有明显淤青，具体伤情需要通过 X 线片、CT 扫描或骨扫描来确诊。如果骨折较严重，可能会有呼吸急促、心率升高、咳血等症状。

如果怀疑肋骨骨折，应该立即赶赴医院。如果伤者出现呼吸窘迫，那么就要在他人的帮助下送往医院。骨折通常需要数月才能痊愈。在此期间，不能进行任何剧烈运动，避免伤处的磕碰。

◎ 髋关节骨炎

髋关节骨炎的发生大多是因为运动中连接到髋关节关节窝的股骨头遭到破坏，以及容纳股骨头的髋臼发生退化产生的。反复进行髋部运动，以及涉及行走、跑步、站立、攀爬、下蹲等的长时间费力的动作，均会加剧这一病症。

髋关节骨炎的疼痛可能发生在腹股沟或臀部侧边，也可能辐射到大腿，甚至延伸到膝盖。这种疼痛经过一段时间的休息会有明显缓解。如果炎症较重，可能会引起臀部肌肉的无力。通常，髋关节骨炎可以通过 X 线片确诊。实施具体的治疗方法和措施请遵医嘱。

◎ 运动性低血糖、运动性腹痛

在饥饿的状态下运动，或者运动强度过大、时间过长非常容易诱发运动性低血糖或运动性腹痛。

运动性低血糖会导致身体乏力、眩晕；运动性腹痛会有明显的腹部疼痛，不同伤病导致的腹部疼痛部位不同。

如果运动时发生了运动性低血糖，要及时停止运动，并补充营养；如果发生了运动性腹疼，按压腹痛位置以缓解腹痛，如腹痛严重应及时就医。

运动伤病的紧急处理

当你在运动中突然意识到自己可能发生了损伤，如发生出血、疼痛、肿胀等，为了防止疼痛和病症越来越严重，就要采取一些紧急处理的措施。这里为你介绍几种损伤的简单应急处理方法。

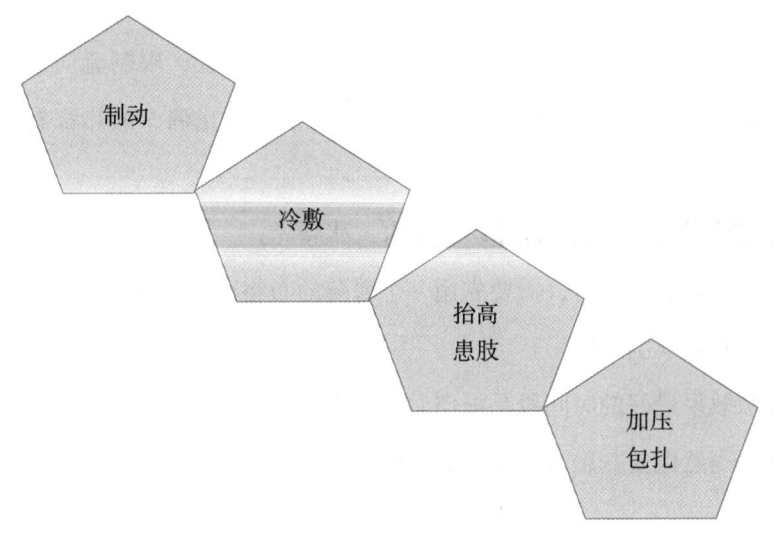

制动 → 冷敷 → 抬高患肢 → 加压包扎

紧急处理运动损伤的方法

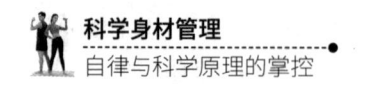

◎ 制动

制动就是让伤处休息，不活动或者减少活动，特别对于重伤者更要严格执行。如果是骨头、筋、肌肉的损伤，那么首先要采取制动的方法来处置。

当你发生了比较严重的损伤后，必须立即停止当前运动，不要移动患处，要尽早赶赴医院，由专业的医生为你治疗、处理伤处。

发生伤病时固定患处可以有效防止病情加重，利于以后的恢复治疗。固定好伤处后要尽量静养，避免移动加重伤病。

如果伤处还处在恢复的初期就急于活动它，那么很容易使其发生出血等症状，从而加重损伤，延长恢复时间。

◎ 冷敷

冷敷是一种最常用的治疗运动损伤的方式。运动损伤通常都会伴随出血、疼痛、肿胀等症状，而要减轻这些症状其实有一个最有效的方式——冷敷。

冷敷能增加血液的黏度，降低毛细血管的浸透性，限制流向患部的血流量，减轻局部血管出血情况，对于止血、消炎、止痛、散热都有很好的功效。

冷敷可以使用一次性的冰块、冰水、冰袋等。

在用冰块敷伤处时，需要先用一个薄薄的布将冰块包裹起来，避免其直接接触皮肤而发生冻伤。

冷敷效果最好的时间段是损伤后两天内，所以这个期间要尽可能多地冷敷伤处，当然也要在患者能接受的前提下，可以尝试每隔两三个小时重复冷敷十几分钟。

冷敷

◎ 抬高伤肢

当发生肢体的扭伤时，你可以先想办法将受伤的手或脚高高抬起，且使其高度超出心脏的高度。之所以要抬高伤处，是因为这样有利于静脉血的回流。血液循环得好，伤口、患肢才能康复得更快。当然，抬高伤肢只是一种紧急的用于辅助救治的办法，还必须配合其他相应的治疗。

◎ 加压包扎

加压包扎就是先用无菌敷料将出血处覆盖住，然后用纱布、棉花、毛巾、衣服等折成大小合适的垫子，放在无菌敷料上，之后再用绷带进行包

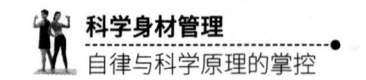

扎。这种紧急救治方法对于缓解毛细血管和小静脉出血很有效，还能防止和减轻水肿。

运动过程中很容易发生划伤、擦伤、撕裂等，同时伴随一定量的出血，此时就可以使用加压包扎的方法。如果在运动时不小心摔倒，使身体被锋利的物品扎伤，而此时无法在现场找到医用绷带，就可以就地取材，用毛巾或衣物代替。

如果患处有异物，先别急着将其拔出，要先固定好，再包扎。要是没有异物，就可以直接用现有的物品包扎。加压止血时要注意力度不可太大，否则可能引起局部组织的缺血、缺氧，不利于伤口愈合，甚至可能引起组织的坏死。应在医护人员指导下进行加压止血，无经验者切勿轻易操作，建议及时就医。

参考文献

[1] time 刚刚好. 养成自律，从来都不靠硬撑 [M]. 北京：台海出版社，2020.

[2] 曾澎，温伟，习星. 生命因运动精彩 [M]. 上海：上海交通大学出版社，2019.

[3] 李彬茹，吴栋. 女性家庭健身基础 (全彩图解版)[M]. 北京：人民邮电出版社，2020.

[4] 张泽生. 食品营养学 [M]. 北京：中国轻工业出版社，2020.

[5] 张淑芬. 孕产妇护理经典 500 问 [M]. 北京：人民军医出版社，2011.

[6] 北京医师跑团. 你真的会跑步吗 [M]. 北京：现代出版社，2018.

[7] 林路. 跑步者说 [M]. 北京：当代世界出版社，2016.

[8] 戴剑松，郑家轩. 无伤跑法 [M]. 北京：人民邮电出版社，2018.

[9] 罗炜樑. 科学跑步：跑步损伤的预防与康复指南 [M]. 北京：清华大学出版社，2019.

[10] 〔美〕罗伯特·S，高特林编著；高旦潇译. 运动损伤的预防、治疗与恢复 [M]. 北京：人民邮电出版社，2017.

[11] 周俊，李山，王琛. 体育理论多元分析与运动保健研究 [M]. 北京：中国书籍出版社，2018.

[12] 向超宗，李武祥，张潇潇. 大学体育 [M]. 重庆：重庆大学出版社，2018.

[13] 蒋国强，柯谷鑫. 大学体育与健康 [M]. 武汉：武汉大学出版社，2019.

[14] 施璐，李桂英，刘根平. 体育与健康 [M]. 长春：吉林人民出版社，2018.

[15] 周国霞，周斌. 游泳健身与球类训练 [M]. 长春：吉林美术出版社，2018.

[16] 答英娟，包静波，王锋. 体育与健康 [M]. 北京：北京邮电大学出版社，2018.

[17] 杨顺莉，姜燕. 全民健身一本通 [M]. 天津：天津科学技术出版社，2018.

[18] 邓树勋. 体育与健康 [M]. 广州：中山大学出版社，2001.

[19] 王艳. 健美操实用技法解析 [M]. 西安：西安地图出版社，2009.

[20] 齐建国，张兴林. 大众健身项目理论基础与运动实践 [M]. 北京：人民体育出版社，2013.

[21] 赵雨菲. 健身女神：我要马甲线 [M]. 青岛：青岛出版社，2016.

[22] 葛玉萍，鲍威. 女人都爱"马甲线"[J]. 健康与营养，2016，（6）：18-19.

[23]〔英〕莱克西·威廉森著；朱思昊，吴长恩译. 拉伸宝典 [M]. 北京：人民邮电出版社，2018.

[24] 付栋. 艺术体操的发展与技能训练探究 [M]. 北京：中国书籍出版社，2018.

[25] 许水生. 大学体育理论与实践（第2版）[M]. 哈尔滨：哈尔滨工程大学出版社，2018.

[26] 曾德明，谭俊，周伟平. 大学体育与健康教程 [M]. 成都：电子科技大学出版社，2017.

[27] 荣明，谢丽娜，范炎炎.瑜伽体位导引[M].北京：人民体育出版社，2014.

[28] 张亮，殷征辉.大学体育教程[M].北京：中国农业出版社，2015.

[29] 运动后放松很必要[EB/OL]. http://health.people.com.cn/n1/2016/0919/c21471-28723038.html，2016.9.19